編集者が10年かけて見つけた「文章で損しない技術」

なぜ、あの人の文章は感じがいいのか？

編集者
庄子錬

ダイヤモンド社

どうしよう...

月曜日の夕方5時。定時まであと1時間――。
ショージくんはパソコンの画面を見つめながら、
深いため息をつきました。

明日の午前中に、社内の大事なプレゼンを控えています。
その資料を完成させるために、
メンバーの一人、池尾さんにチェックをお願いしなくてはなりません。

でもそのチェックは、少し大変なものになりそうです。
しかも、こんな定時間際に「今日中に対応してほしい」なんて言いづらい。

「うーん……。どう書けばいいんだろう？」
迷った末、ショージくんはこんなメールを送信しました。

件名：明日のプレゼン資料

池尾さん、お疲れ様です。

定時間際にすみません。
申し訳ありませんが明日の社内プレゼン資料についてチェックお願いしたく…。もしかしたら私の認識違いかもしれないのですがやはり池尾さんに見ていただきたく思いまして…。

実は昨日から気になっていたのですがなんとなく言い出せなくて、でもチェックいただいたほうがいいのかなと思いました…。もし可能でしたら少し早めになんとかご確認いただけませんでしょうか。ご多忙中申し訳ありませんが何卒よろしくお願いいたします。

しかし、30分、1時間待って定時をすぎても、池尾さんから返信がきません。

不安が募るなか、積み上がった仕事を黙々とこなします。

――ふと時計を見たら、いつのまにか終電近くになっていました。

「この時間は酔っ払いが多いから、電車で帰るのはイヤだな……」

ショージくんは、しかたなくタクシーで帰ることにします。

ところが、タクシーの運転手と一悶着《ひともんちゃく》。

遠回りをされるわ、「お釣りがない」と言われるわ、

ドアに足首を挟まれて大きなアザができるわ……散々な目に遭いました。

なんてひどいドライバーだ。そう思いながらSNSにこんな投稿をしました。

毎日がんばるショージくん

タクシーの運転手が意図的なのかどう考えても遠回りしてるから「ここ違くないですか？」って言ったら何故か逆ギレされて、もういいやって5000円出したら「お釣りないわ」とか言われ、月曜からこんな働いて疲れたしお釣り諦めて降りようとしたらわざとドア閉められて足首にでかいアザできた😢🥺😭

1　2　216

翌朝5時。
よく眠れなかったショージくんは、
眉間にシワを寄せて、枕元にあるスマホを確認します。
すると、池尾さんからこんな返信がきていました。

件名：
Re: 明日のプレゼン資料

返信遅れてすみません。おっしゃっている意味がわからないので、私が出社後、口頭でお声がけいただけますか。

続けてＳＮＳの通知を見ると、
見ず知らずの人からのコメントが目に飛び込んできました。

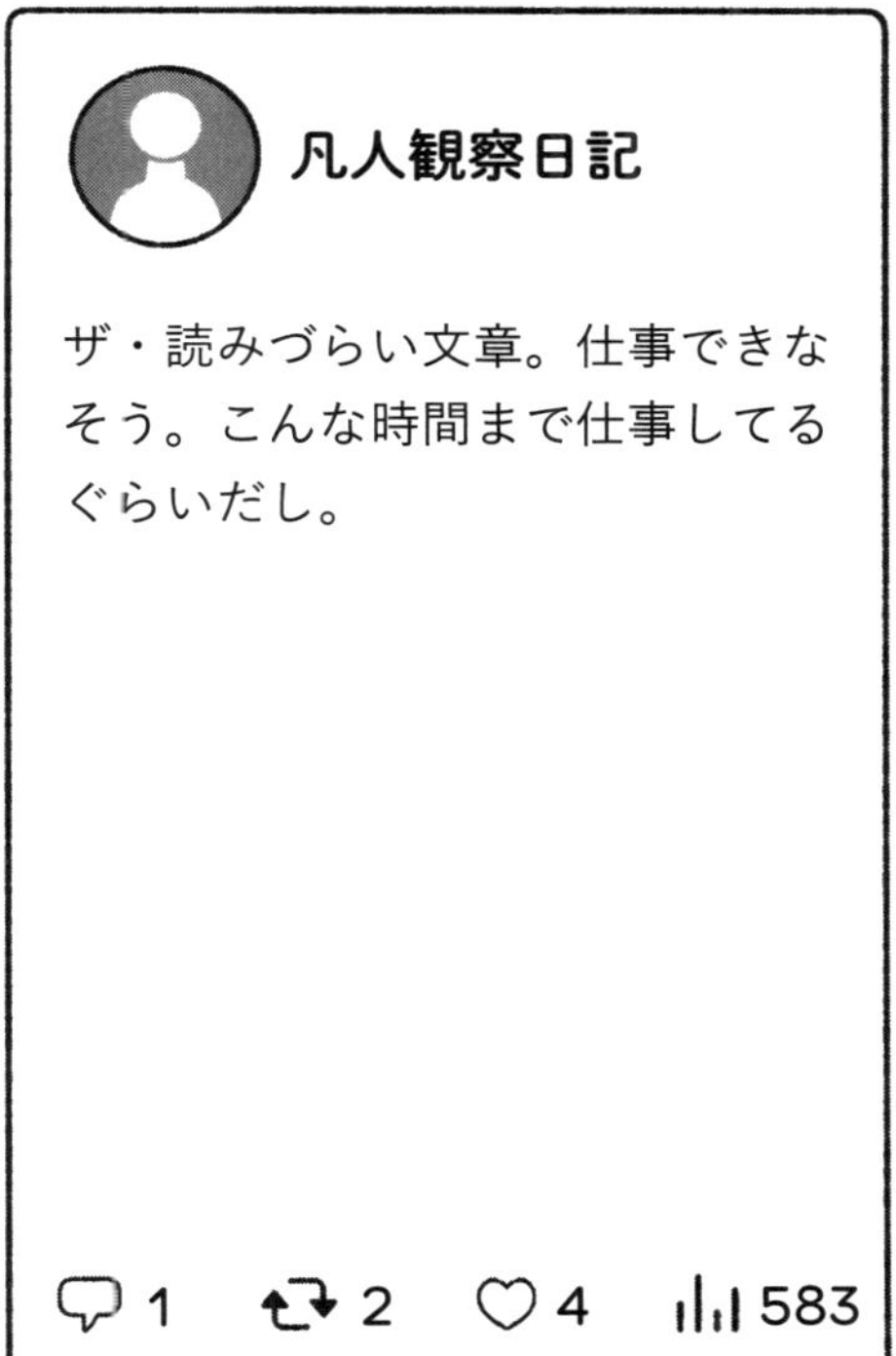
凡人観察日記
ザ・読みづらい文章。仕事できなそう。こんな時間まで仕事してるぐらいだし。
1
2
4
583

ショージくんはスマホをベッドに投げ捨て、黙々と身支度を始めました。
頭のなかはモヤモヤでいっぱいです。

自分なりに工夫したつもり。
池尾さんには不快にさせないよう気をつかった。

SNSの投稿だって実際に起きたことを書いただけ。
なんで赤の他人からこんなこと言われないといけないんだ。

俺はこんなに頑張ってるんだから、
みんな察してくれたっていいじゃないか!

でも……でも、俺の文章、わかりづらいのかな。

あぁ、もっと気持ちが伝わる文章を書けるようになりたいぃ！

そう思いながら、ショージくんは玄関のドアを開けて会社に向かいました。

ギャルでも会計士でも「感じのいい文章」の本質は同じ

みなさん、こんにちは。編集者の庄子です。今日はお集まりいただき、ありがとうございます。

本日の講義テーマは**「気持ちが伝わる、感じのいい文章を書く」**。

メールやチャット、プレゼン資料、レポート、日報など仕事で書いている文章はもちろん、SNS、ブログ、note、ウェブ記事、書籍を書くときにも役立つ**「ちょっとしたコツ」**を解説していくのが、この講義の趣旨です。

さていきなりですが、質問です。

冒頭のショージくん、どう思いましたか？

深夜までまじめに働き、朝早く起きて出社する。思いやりも責任感もある頑張り屋さん――。そんな「いい人そうな感じ」を受けませんでしたか。少なくとも悪い人には見えないですよね。

ところがどうでしょう。ショージくんが書いた文章だけを読んでみてください。むしろ「印象がよくない」と感じたのではないでしょうか。「わかりづらい」「イライラする」「仕事できなそう」なんて思った人もいるかもしれません。

いい人なのに、文章で損をしている。勘違いをされている。

そんなふうに言えそうです。

毎日の生活のなかで「書く」「読む」機会は本当に多くなりました。

仕事はもちろんプライベートでも「直接会ったことはないけれど、メールやチャット、SNSでやりとりしたことはある」という相手は、みなさんにも数えきれないほどいるんじゃないでしょうか。

ただ、**文章で伝えるって簡単ではありません。**

どう書けばいいのか悩むし、無事書けたとしても自分が意図したように伝わるとは限らない。対面や電話と違って、表情や身ぶり、声色《こわいろ》が助けてくれることはありません。誤解されたり、もう一度説明を求められたりすることもある。

そんなときは、ついついショージくんのように「察してくれよ」と思いたくもなるものです。

ただ相手としても、「察しようがない」という気持ちかもしれません。一つひとつの文章の意図や背景を考える余裕がないほどに、みんな大量の情報に囲まれた生活を送っていますから。

とはいえ、とはいえです。

じゃあ対策がなにもないかというと、そんなことはありません。

ちょっとしたコツで、「文章の印象」を変えることはできます。

- わかりやすいから、相手が迷わず素早く動いてくれる
- 会ったことがない人からも「優秀だな」と思われる
- 厳しいことを書いても、相手を傷つけずに済む
- 上から目線にならない、自慢っぽくない

こういうメソッドはたしかに存在するのです。

たとえば、さきほどのショージくんの文章をこんなふうに変えてみましょう。

メール

件名：【確認依頼】明日のプレゼン資料

池尾さん、おつかれさまです。

定時間際に申し訳ありません！
明日の社内プレゼンの資料（添付）で、ご確認いただきたい点があります。3～9ページの分析結果について、池尾さんのご経験から見て違和感がないかお伺いできますと幸いです。

可能でしたら、本日中にご確認いただけますでしょうか。もしご都合が悪い場合は、明日の朝に口頭でご相談させてください。

この分析結果が正しければ、これまでとは異なるアプローチで事業展開できるかもしれません。先日の勉強会でも話されていた池尾さんの専門的知見をぜひお借りしたいです。

どうぞよろしくお願いいたします。

SNS

毎日がんばるショージくん

タクシーの運転手さんが遠回りしてるっぽいから確認したら、いきなり強い口調で怒られた…。

しかもお釣りがなかったらしく、あきらめて降りようとしたら、ドアをバタンって閉められて足首が挟まった。いま見たらアザになってる！

月曜から不運すぎる

4　9　88　7224

どうでしょう。だいぶ読みやすく、印象もよくなったと思います。

なにをしたかというと、メールの文章では「**戦略的キョロキョロ＋締めくくりの技術＋あなただからの強調**」を、ＳＮＳの文章では「**ムダを削る技術＋見やすくする技術**」を意識してみました。

なんの話をしているかわからないかもしれませんが、大丈夫です。このあと説明しますから、ここでは「へえ、そういうのがあるんだ」くらいに思ってもらえれば十分です。

ここで一番お伝えしたいのは、これらの方法は「**本当にちょっとしたコツ**」ということ。10秒以内にできるものもたくさんあります。

メール、チャット、ＬＩＮＥ、ブログを書くとき、ＳＮＳのタイムラインを眺めるとき、ウェブの記事や新聞、雑誌を読むとき……。

いつもの「書く・読む」ときにちょっと意識するだけ。その小さな意識の繰り返しであなたの「書く力」は大きく向上し、周りからの評価が変わるはずです。

そして一度習慣化すれば、自転車に乗るように、タイピングをするように、楽器を弾くように、難なくできるようになります。

じゃあ、具体的になにをどうすればいいのか。

それをこの講義ではお伝えしていきたいと思います。

ここで自己紹介をさせてください。

ぼくの名前は庄子錬(しょうじ・れん)といいます。「錬」という漢字は『鋼の錬金術師』で見たことがあるかもしれませんが、「鉛のような卑金属であっても、金(ゴールド)のような新たな価値に変えられる人間になってほしい」という想いで両親が付けました。

編集者という仕事には、考えてみれば「錬金術師」とも呼べる側面があるかもしれません。とくに書籍やマンガの編集者は「無名の著者や、世間一般がまだ注目していないテーマを見つけ、コンテンツに変えて金を生み出す（そのままの意味でも比喩的な意味でも）」のが醍醐味のひとつです。だから自分の名前を見ると、ときどき「まあなるべくして編集者になったのかもしれない」と思います。

ぼくは高校を中退したあと、ひょんなことから文学にはまってしまい、大学時代にはアメリカ文学を専攻しました。

ただ（こちらもひょんなことから）、新卒時には小説ではなく、ギャル誌の編集者になりました。とても賑やかでご機嫌な世界でした。

その後、出版社を2社渡り歩き、ビジネス書を中心に手がけました。ベストセラーにも恵まれて、１５０社を超える企業ブランディングにも携わることができました。

そこから（またまたひょんなことから）、ＰｗＣという大きな会社に転職し、コンサルタント、会計士、税理士、弁護士など専門家たちのコンテンツ（ウェブ、書籍、広報誌など）の企画や制作に携わりました。

現在は自分の会社をつくり、経営者専門の書籍プロデュースやコンテンツブランディング支援を行っています。これまでに手がけた本は２００冊を超えます。

仕事で自己紹介をするとき、ぼくはよく**「ギャルから会計士まで」**と自分を表現します。半分ネタのようなものなのですが、文字どおり「どんな属性の、どんなコンテンツでもつくれます」という意味と、じつはもうひとつ意味があります。

ギャルと会計士では、俯瞰《ふかん》してみると、「価値観」「思考体系」「コミュニケーションで大事にするポイント」など、異なっている部分が数えきれないほどあります。そして読者となる層も、ギャル誌と会計士が発信するコンテンツではまったくと言っていいほど違います。

でも「気持ちが伝わる文章」や「たくさんの人から共感を集める文章」という視点に立つと、そこには共通点があります。

ギャルでも会計士でも「感じのいい文章」の本質は同じなんです。

それはなにか？
最初に答えをお伝えしてしまうと、次の3つです。

1 ムダが少なく、正確で、見やすい。
2 適度に「キョロキョロ」している。
3 いろいろ「察している」。

この3つの本質は、ギャルと会計士に限った話ではありません。周囲から「仕事ができる」「印象がいい」「信頼できる」と思われている人の文章には、すべからく共通していることだと思います。

じゃあ、この3つの本質を解剖してみようじゃないか——。

これが、この講義を進めていくうえでの基本スタンスです。

いやいや、そんなに肩肘はらないでください。ぼくも堅苦しいのは好きじゃありません。お互いにリラックスしていきましょう。

講義といっても、本という体裁をとっていますので、ぼくが「みなさん」と呼びかけたとしても、この世界にはぼくとあなたしかいません。

邪魔してくる人も、野次を飛ばす人もいませんので、どうぞお茶でも飲みながらでも（お酒でもいいですよ）、ポテチをつまみながらでも、鼻をほじりながらでも、気軽に聞いていってください。

では、そろそろはじめましょうか。

トイレに行くなら、いまのうちですよ。

本書を読むと、こんなメリットがあります！

- 人間関係のストレスが減る
- 思考が整理される
- 情報発信力が上がる
- デキる人だと思われる
- 読者に感動や共感を与えられる
- チーム内の調整がラクになる
- 情報の要約力が高まる
- 誤字脱字が減る
- 書くスピードが速くなる
- 言語化が得意になる
- 構成づくりがうまくなる
- 自信をもって文章を書けるようになる
- 相手の立場に立った文章が書ける
- 依頼、提案がうまくなる
- 資料で一発OKをもらえる

この本の使い方

- 「これは使えそう！」と思ったコツやフレーズは、付箋やノートにまとめておきましょう。必要なときにすぐ思い出せます。
- 文章術は一度身につけたら終わりではありません。気になった項目だけでも定期的に再読してください。
- 本書をきっかけに、ふだん書かないタイプの文章（エッセイ、旅行記、商品レビュー、書評など）にもぜひチャレンジしてみてください。表現の幅が広がるとともに、新たな視点を獲得できるはずです。

第1部 「気持ちが通じる文章」はこの3つでできている

第2部 「読みやすさ」が向上する4つの基礎スキル

スキル1 ムダを削る技術

スキル2

見やすくする技術

スキル 3

構成をつくる技術

スキル 4

正しく書く技術

日本語として正しく、誤字脱字をなくす！

第3部　「なぜか印象のいい人」が無意識に書いていること

第4部 文脈を読んで言語化する「察する力」の高め方

第1部

「気持ちが通じる文章」はこの3つでできている

文章で100点をめざすな

この講義がめざすところはシンプル。

「読みやすさ」と「感じのよさ」を兼ね備えた文章が書けるようになる。

これだけです。

これだけといっても、「読みやすさ」と「感じのよさ」の両立は、じつはとても難しいものです。

やさしく書こうとすると肝心なことがぼやけてしまい、論理的に書こうとすると途端に冷たい印象になってしまう。

「気をつかってくれてるのはわかるんだけど、結局なにが言いたいの？」「正論で読みやすいけど、なんかイヤな感じ」――誰かの文章を読んでそう感じた経験、ありませんか？

ここで大切なことをひとつ。

文章には、算数のような「正解」はありません。

算数なら答えはひとつです。でも文章は違います。読む人によって受け取り方が変わります。

たとえば、あなたが心を込めて書いた文章を10人中9人が「感動した！」とほめてくれたとしても、残りの1人が「わかりづらい」と言ってくることもある。

これが文章の世界です。

でもだからといって、「じゃあ30点でいいか」とはなりませんよね。自分の気持ちをきちんと言語化して相手に伝えたい。少なくともみなさんは、そう思ってこの講義を聞きにきてくれたはずです。

では、どのくらいの完成度をめざせばいいのか。

ぼくは、**文章と向き合ううえでは「自分にとって90点、相手にとって80点をめざす」くらいがちょうどいい**と考えています。

だって、100点満点の文章は存在しないのですから、100点をめざしても、それはゴール不在のマラソンのようになってしまいます。

だから、自分でも「よく書けた」と感じられる90点レベルを目標に。

ただし、読む人の受け止め方は人それぞれなので、相手の評価は80点くらいでも十分。こう考えてみるのです。

学校でも会社でも、100点主義は根強く残っています。それが絶対悪とは思わないのですが、文章の世界で100点をめざすことは、自分と読み手の首をしめる結果になりかねません。

完璧をめざさない。
だけど上達はめざす。

ぜひ肩の力を抜いて、聞いていってもらえればと思います。

1000人調査でわかった「ストレスを感じる文章」の正体

本題に入る前にもうひとつ、共有しておきたいことがあります。

それは、

人はどんな文章を読んだとき、ストレスを感じるのか？

ということです。

本書の執筆にあたり、文章に関する調査を1000人に実施し、そのなかで「あなたはどんな文章を読んだとき、ストレスを感じますか？」と質問しました。

その結果、**相手にストレスを感じさせる文章は2つに大別できる**ことがわかりました。

1 そもそも意味がわからない
2 意味はわかるけど、イラッとする

1は、**「論理力」**の問題です。
たとえば、文章が長すぎる、なにを言いたいのかわからない、専門用語ばかりで理解しづらい、日本語が間違っている、改行や読点が少なすぎる・多すぎる、といった回答です。

2は、**「表現力」**の問題です。

ネガティブな表現が多い、まわりくどい、自慢話が多い、自己主張が強い、高圧的な感じがする……いずれも「個別の文章としての意味はわかる」ものの、「でもそういう書き方ってないんじゃない？」とイラッとする。そんな経験がある人もたくさんいることがわかりました。

この2つの問題は単独で発生するとは限りません。だから「文章が長すぎて言いたいことがわからないし（**1**の問題）、とりわけこの部分はネガティブな表現が多くて印象が悪い（**2**の問題）」なんてことも起こりえます。

どうでしょう。みなさんも同じようなストレスを感じたことがあるかもしれませんね。

「文章に関する1,000人調査」について

※調査概要は367ページ

回答数（人）

男性	20歳未満	3
	20〜29歳	65
	30〜39歳	102
	40〜49歳	120
	50〜59歳	53
	60歳以上	37
	合計数	**380**

回答数（人）

女性	20歳未満	6
	20〜29歳	129
	30〜39歳	198
	40〜49歳	162
	50〜59歳	92
	60歳以上	21
	合計数	**608**

上記以外に「その他」が12人

あなたはどんな文章を読んだとき、ストレスを感じますか？

（n=1,000、TOP10、自由回答）

順位	内容	票数
1	全体的に長すぎる、前置きが長すぎる、一文が長すぎる	301
2	ネガティブな表現が多い、誹謗中傷	126
3	まわりくどい	82
4	なにを言いたいのかわからない、中身がない	67
5	改行や読点が少なすぎる（多すぎる）	66
6	自慢話が多い	61
7	専門用語が多い、難しい言葉や漢字が多い	55
8	日本語が間違っている、「てにをは」が間違っている	42
9	自己主張が強い、押しつけや自分語りが多い	41
10	高圧的な感じがする	19

ただこの調査結果から考えると、「論理力」と「表現力」をレベルアップできれば、テキストコミュニケーションや文章表現にまつわる課題の大部分は改善されそうだということがわかります。

小説、詩、俳句などの芸術性が関わる文章ではなく、仕事のメールやプレゼン資料、ウェブ記事のような実用性が求められる文章においては、**「論理力」と「表現力」、そしてそのベースとなる「考え方」を身につければ、どんな相手に対しても80点の文章は書ける。**

これが本講義の主張です。

では、具体的になにをすればいいのか。
大きく3つに分けることができます。

メモ　こんな結果も！

あなたは文章を書くのが好きですか？

(n=1,000)

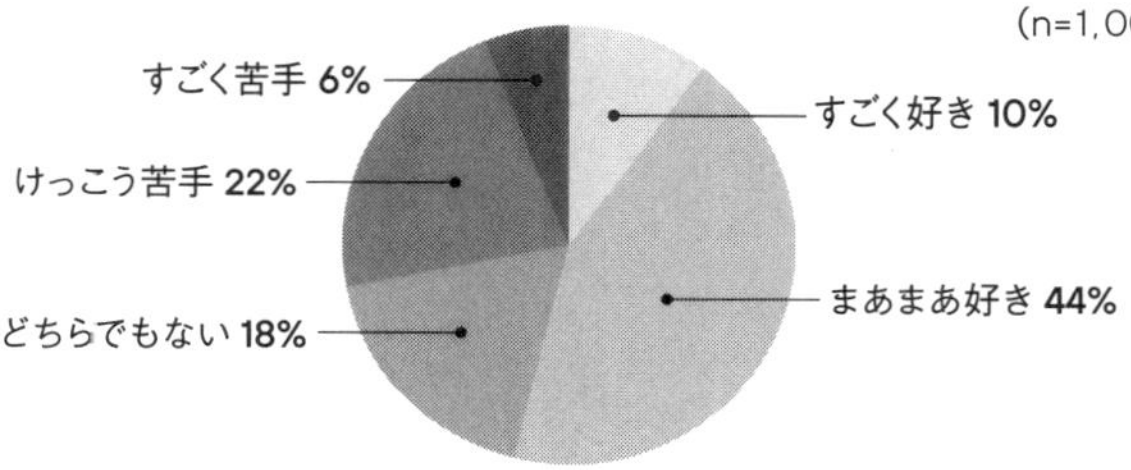

どんなときに文章を書くのが「好き」と感じますか？

(n=1,000、TOP5、自由回答)

順位	内容	票数
1	好きなこと、興味のあること、感想文を書いているとき	125
2	ブログ、SNS、日記を書いているとき	61
3	気持ちを言語化できたとき、納得できる文章が書けたとき	56
4	大切な人にメールや手紙を書くとき	48
5	書くことで思考や感情が整理されたとき、書くことで息抜きできたとき	47

どんなときに文章を書くのが「苦手」と感じますか？

(n=1,000、TOP5、自由回答)

順位	内容	票数
1	文章をまとめられない、構成（起承転結）ができないとき	56
2	相手にとって読みやすく、不快にならないように書くとき	54
3	自分の気持ちや感情を文章で表現できないとき	51
4	上司、苦手な人、お客様など、相手に気をつかう文章を書くとき	50
5	仕事のメールや書類を書くとき	42

気持ちが通じる文章＝スキル＋人柄＋察する力

この講義では、「読みやすさ」と「感じのよさ」を兼ね備えた文章を**「気持ちが通じる文章」**と呼ぶことにします。

「気持ちが通じる文章」の構成要素は3つです。

スキル
＋
人柄
＋
察する力

この3つを身につけることで、前項で紹介した2つの問題（わかりにくい、イラッとする）をクリアした文章が書けるようになります。

それぞれ具体的に見ていきましょう。

①スキル

スキルとは、**読みやすさを向上させる技術**のこと。

次の４つに分かれます。

- ムダを削る技術
- 見やすくする技術
- 構成をつくる技術
- 正しく書く技術

これらは学校でも会社でも体系的に教わる機会は少ないため、個々人のセンスや経験任せになっています。それでなんとかなっている方がほとんどだと思いますが、裏を返せば、**「ここを学べば書く力が飛躍的に向上する」**ともいえます。

そして**この4つのスキルは、すぐに使えて効果が出るものばかり。**活用できる場面も多いため、ビフォーアフターを感じやすいのも特徴です。詳しくは第2部でお話しします。

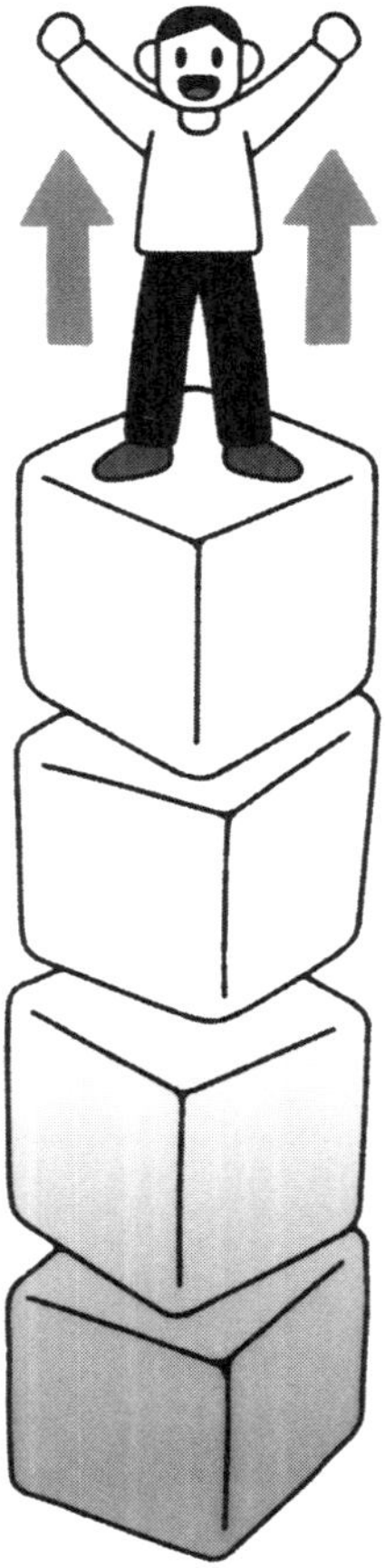

② 人柄

2番目は「人柄」。**文章に信頼性と親しみやすさを与え、読み手と良好な関係を構築する**ための要素です。

文章に限らず、会話や情報発信においては、「なにを、どう伝えるか（What、How）」だけでなく、ときにはそれ以上に**「誰が伝えるか（Who）」**が印象を左右することがあります。「伊藤課長が言うと説得力がないけど、金子部長が言うなら納得できる」みたいな現象です。

同じことを言っているのに受け取る印象が大きく異なる。この現象はビジネスでもプライベートでもひんぱんに起こっています。

では、ぼくたちはなにを基準に「あの人は信頼できる」とか「あの人の言うことは説得力がない」と評価しているのでしょうか？

対人認知研究では、他者を評価するときの評価軸は**「能力」**と**「人柄」**が基本とされています。つまり**「有能で親切な人は信頼されやすい」**ということ。

ただ人柄と一口にいっても幅がひじょうに広く、定義は研究者によって異なります。たとえば、ぼくはいま「親切」と言いましたが、「誠実」とか「温和」とか「頼りになる」とか別の言葉を連想した人もいるはずです。

じゃあ人柄とはなんなのか。

社会心理学者の中谷内《なかやち》一也さんは著書『信頼学の教室』のなかで、人柄の要素を**「動機づけ」**と定義しています。

動機づけとは、**「やる気」**や**「頑張り」**のこと。少しフォーマルに言うと、「目標達成に向かって行動を開始させ、維持させる心理学的な構成概念」です。

たとえば、同じ「資料作成」という仕事を任されたAさんとBさんがいるとします。Aさんは「面倒くさいけど、やるしかないか」という態度で最低限のクオリティをめざします。一方、Bさんは「できるだけわかりやすい資料をつくろう」と工夫を重ねて取り組みます。

さて、どちらの資料に好感が持てるでしょうか？

たとえ両者に同じ能力があったとしても、Bさんのように「相手のために頑張ろう」という姿勢が見える人のほうが自然と信頼されそうだ、と思えますよね。

つまり、**「能力がある人が、自分（他者）のために頑張ってくれそうだ」**と感じられることが、信頼関係を築く大事なポイントなのです。

この**「人柄＝動機づけ」のアプローチは、文章における「感じのよさ」にも適用できるのではないでしょうか。**

たとえば出社早々、「今日の会議資料、先月のをコピペして済ませちゃいました。急いで書いたのでミスがあったら教えてください」とチャットしてくる人よりも、「今日の会議資料、わかりやすく図を加えてみました。お手数ですが、改善すべき点などありましたらご指摘いただけますと幸いです」と送ってくる人のほうが、一般的には好印象な人とみなされると思います。

つまり、**メッセージひとつとっても「この文章、自分（他者）のことを考えて書いてくれているな」と感じられれば、自然と好印象につながりやすくなるのです。**文の締めくくり方、言葉選び、説明のていねいさ、レイアウトの見やすさ――。どれも「相手のため」という気持ちがあってこそ生まれる工夫です。

そういう意味で、「人柄＝動機づけ」のアプローチは文章においても当てはまるといえるのではないでしょうか。

でも……という声が聞こえてきそうです。

「やる気」や「頑張り」を示すことが大事だとはわかったけど、その温度感がわからない。シンプルに表現するのも軽薄に映りそうだし（自分のキャラとは違うし）、かといって消極的な姿勢を見せるわけにはいかない——。そんな難しさを感じた人も多いでしょう。

そこで第3部では、**どうすれば「動機づけ」をちょうどいい塩梅で表現できるか、**という問いに向き合います。

具体的には、戦略的キョロキョロ、締めくくりの技術、依頼するときや断るときのコツなど、「表現力」にフォーカスしていきます。

③ 察する力

スキル、人柄ときて、最後が察する力。**文脈を読み解き、言語化する力**です。「読みやすさ」と「感じのよさ」の両方に影響を及ぼします。

書くことについて学ぼうとするとき、ぼくたちはどうしても個別の文章や表現の良し悪しに目を奪われがちです。一文が長い、不要な言葉が含まれている、表現が不適切など。これらを「常識や一般的スキルに欠ける」ととらえる人もいるかもしれません。

でも書くことのゴールを「伝えたいことが感じよく伝わる」とするならば、**いま自分はどんな状況で、読み手はなにを求めているのか（求めていないのか）を把握できる能力のほうが大事**なのではないでしょうか。

いくら読みやすい文章で、ていねいな表現だったとしても、文脈に沿っていなければ読み手にストレスを与えてしまいます。

たとえば、同僚とのチャットで「週末は温泉に行ったんですよ」と雑談っぽく話したとき、相手から「左様ですか、それはよろしいですね」とか「たいへん良い時間だったのではと存じます」なんて言われたら肩透かしをくらった気持ちになりますよね。いちいち「プライベートの話をしているので、もっとカジュアルな言葉遣いでも大丈夫ですよ」と言わなくてはならないのかと思ってしまう。

つまり、日本語的には正しくても、文脈的には正しくない。

非言語的メッセージ（言葉以外の情報。相手の立場、状況、気持ち、関係性など）の受送信能力が低いと、正しいとされている文章表現が誤用に変わるのです。

いまやメールやチャット、ドキュメント上でのやりとりは当たり前になりました。こうしたツールの発展により、コミュニケーションが飛躍的に便利になったのは間違いありません。

一方、表情や声のトーンが見えないやりとりが増えれば増えるほど、**察する力（非言語的メッセージの受送信能力）の差が、テキストコミュニケーションの質を大きく左右するようになります。**

そこで第４部では、「察する力」に焦点を当てて考えていきます。

単なるコミュニケーションスキルを超えて、相手の心に響く文章を書ける人の共通点はなにか。文脈を読み解き、その場にふさわしい表現を選べる人は、いったいなにを感じとって、なにを考えているのか――。

第２、３部とは毛並みが違い、具体的なメソッドよりも概念的な話題が多くなりますが、この察する力こそが、じつは書く力の核心なのかもしれません。

さて、ここまで紹介した「気持ちが通じる文章」の3つの構成要素を図解すると、次ページのように表せます。

各パートはほぼ独立した内容になっていますので、気になったところから読んでいただいても大丈夫です。

では、早速はじめましょう。

最初に見ていくのは「スキル」です。

気持ちが通じる文章の3要素

具体的

スキル（第2部）

読みやすさを向上させる

人柄（第3部）

信頼性と親しみやすさを与える

察する力（第4部）

文脈を読み解き、言語化する力を上げる

概念的

スキル、人柄、察する力が
バランスよく組み合わさることで
「気持ちが通じる文章」となる！

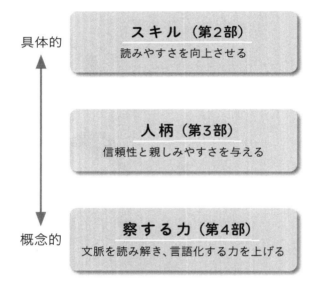

第2部

「読みやすさ」が向上する
4つの基礎スキル

スキル 1

ムダを削る技術

「長くなりがち問題」の8割はこれで解決！

4つあるスキルのうち、まず見ていきたいのは「ムダを削る技術」です。なぜこれが最初なのかというと、**「使えるシーンが多く、効果を実感しやすいのに、意外と知らない人が多いから」**です。

ムダを削るのは、ダイエットみたいなものです。お腹や顔まわりについたぜい肉。気づいたらそこにいて、家族や友だちから指摘される回数が増えてきた。言われてみれば、たしかに気になる——。

そんな余計な存在を削ぎ落とすところを想像してください。彫刻家がゴツゴツした石から美しい影像を彫り出すように。庭師が生い茂った枝葉を剪定《せんてい》し整えられた庭をつくり出すように。

脂肪を落とそうとすると短くても数週間はかかりますが、**文章ダイエットなら3秒で余分なものを削ぎ落とせます。**しかも心身に負担を強いるわけではないのでリバウンドの心配も不要。「先週はムダを省いた文章を書いたから今日はチートデー」みたいな発想にもなりません。

文章ダイエットは2つの視点で行います。**「言葉（単語サイズ）」**と**「文（かたまりサイズ）」**です。

この2つに共通するコツは、**①まずはとにかく書く、②余分な脂肪を削ぎ落としていく、という2ステップに分けること。**最初から完璧をめざすと効率が落ちるので、ひととおり書ききってから削っていくのがおすすめです。

無意識に使いがちな「ムダ言葉」8選

ではまず、無意識に使いがちだけど、なくても通じるケースが多い「ムダ言葉」を8つ紹介しましょう。

最初にクイズです。

クイズ

次ページの文章のなかに、削っても問題ない言葉が「8つ」あります。どれでしょうか？　30秒以内に見つけてください。

私たち人事部の意見をお伝えしておくと、今回の従業員満足度調査において非常に重要なことは、この結果を受けて各マネージャーがメンバーのほうに結果を共有するということ。そして具体的な改善策を考えることなどだと思っています。

答え（太字が不要な部分です）

私たち人事部の意見をお伝えしておくと、[1]今回の従業員満足度調査において**非常に**[2]重要な**こと**[3]は、**この**[4]結果を受けて各マネージャーがメンバー**のほう**[5]に結果を共有する**という**[6]こと。**そして**[7]具体的な改善策を考えること**など**[8]だと思っています。

ムダ言葉を削って読みやすくしたのが次の文章です。

私たち人事部は、今回の従業員満足度調査を通じて、各マネージャーがやるべきことが2つあると考えています。「メンバーに結果を共有する」と「改善策を考える」です。

どうでしょう。だいぶ読みやすくなったと思います。

では削った言葉をそれぞれ見てみましょう。

① エクスキューズ（言い訳）

「個人的な意見としては」「誤解を恐れずに言うと」「ケースバイケースですが」「あくまで参考までに」などのエクスキューズをよく見かけますが、予防線を張ってばかりの文章は冗長になり、自信がなさそうにも映ります。依頼や断りなど効果的なシーンもあるのですが、今回の例文では不要でしょう。

② 修飾語

「非常に」「とても」「本当に」「かなり」「ちょっと」「少し」といった修飾語。**使いやすい半面、なくても通じますし、安易に使うと効果が薄れます。**必要ない場面では削除しましょう。

③ こと

つい多用しがちな「こと」。「～ことは～ことである」など、一文のなかで「こと」が続く文章をよく見かけます。

こういう場合、**主部の「こと」を「の」に変える**だけでも、スマートな印象になることがあります。

【変更前】重要なことは、作業効率を向上させることだ。

【変更後】重要なのは、作業効率を向上させることだ。

④ 代名詞

「それ」「これ」「そこ」「あの」「彼」「彼女」などの代名詞は、文章をもったりさせます。なくても通じるようなら省きましょう。

5 のほう（の方）

「私のほうで対応します」「芳村さんの方はいかがでしょうか」など、なにげなく使っていませんか。「私が対応します」「芳村さんはいかがでしょうか」としたほうが読みやすくなります。

6 という（といった）

「という」「といった」は文章をマイルドな印象にする一方、冗長になりがちです。なくても通じるようであれば、削ってシンプルにしましょう。

7 接続詞

「そして」「だから」「なぜなら」「また」といった接続詞も同じ。なくても意味が通じる、ほかの表現に置き換えられると思ったらカットしてOKです。

とくに「しかし」と「また」は、ビジネスシーンで多用しがち。近い距離で繰り返している場合は、「しかし」なら「ただ」「ですが」「ところが」など、「また」なら「さらに」「加えて」「そのうえ」などを文脈に応じて使い分けましょう。

8 など

A社とB社しか該当しない話なのに「A社とB社など」と表現をぼかすと、読み手を混乱させかねません。ほかに選択肢がないなら省きましょう。

さて、改めてビフォーアフターを書くと、こうなります。

変更前

私たち人事部の意見をお伝えしておくと、今回の従業員満足度調査において非常に重要なことは、この結果を受けて各マネージャーがメンバーのほうに結果を共有するということ。そして具体的な改善策を考えることなどだと思っています。

変更後

私たち人事部は、今回の従業員満足度調査を通じて、各マネージャーがやるべきことが2つあると考えています。「メンバーに結果を共有する」と「改善策を考える」です。

さらにここでは、プラスアルファとして、ムダ言葉を削ぎ落としたうえで少し手を入れました。

といっても、やったことはシンプル。

整理する。これだけです。

ムダ言葉を削っていくと、欠かせない要素が浮かびあがってきます。

ぼくの場合、**大事な要素を「かっこ」に入れて読み進めるようにしています。**英文読解で「関係代名詞や接続詞がどこにかかるか」を考えながら読むのと似ているかもしれません。

今回の場合、大事な要素は「人事部の意見」「今回の従業員満足度調査」「各マネージャーがやるべきこと」の3つです。

そこから読み進めて、「各マネージャーがやるべきことは、【メンバーに結果を共有する】と【改善策を考える】の2つに分かれる」と階層化して整理しました。

あとは、日本語にするだけです。

「書く」というより「配置する」と言ったほうが近いかもしれません。

伝えたい要素を「階層化」して整理する

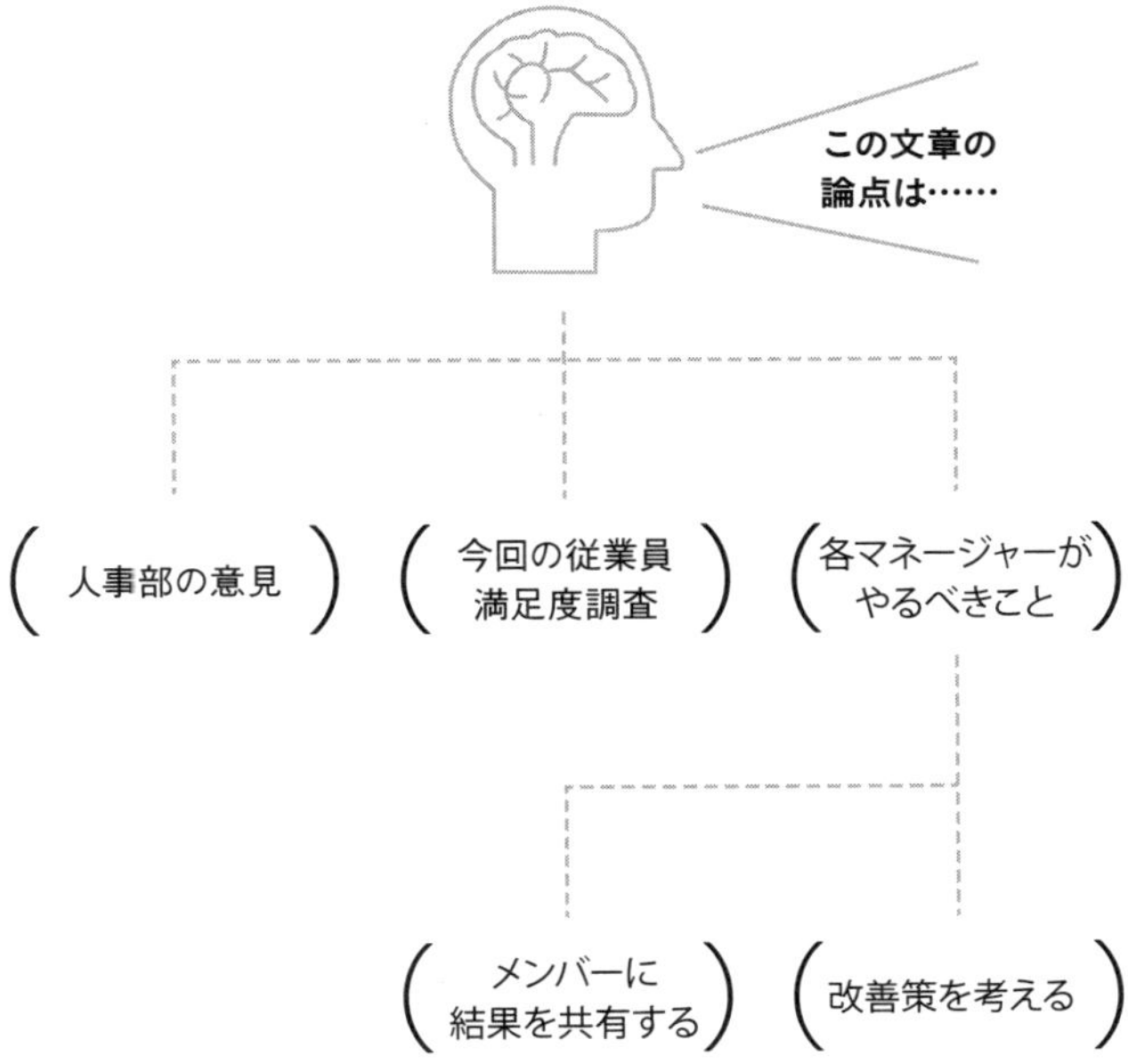

修正文を考える際には、前ページの図を脳内で描きながら、シンプルに言葉を置いてみました。

私たち人事部は、今回の従業員満足度調査を通じて、各マネージャーがやるべきことが2つあると考えています。「メンバーに結果を共有する」と「改善策を考える」です。

これでも十分わかりやすくなったと思います。よりシンプルにするなら、次のように順番を変えてもいいかもしれません。

今回の「従業員満足度調査」の結果、各マネージャーが取り組むべきことは、「メンバーに結果を共有する」と「改善策を考える」の2つだと私たち人事部は考えています。

このように、**ムダ言葉を削ったあと「整理する（＝順番を変えて配置する）」意識をもつと、文章はより読みやすくなります。**

文章を書くのって、じつはパズルゲームに近い側面があります。ぜひ試してみてください。

※ここで紹介したムダ言葉は、無意識に多用しがちなものであって、絶対悪ではありません。使うかどうかは文脈で判断してください。

文章のぜい肉は「3つの視点」で削ぎ落とす！

続いて、「文」単位のダイエット法を見ていきます。
意識したいのが、次の3つの視点です。

1「ねじれ」と「順番」を整える
2「ダブり文」を削る
3「プロデューサー視点」で取捨選択する

それぞれ見ていきましょう。

1 「ねじれ」と「順番」を整える

頭に浮かんだことをどんどん書いていくと、いつのまにか読みづらい文章になってしまいがち。ここではまず、厳密にはダイエットではありませんが、文章を整えるときのポイントを紹介します。

一文をコンパクトに

一文内で伝えたいことが3つ以上あると、文章の構造がつかみにくくなります。とくに**話題や時系列が変わるときは文章を分割しましょう。**

変更前

この映画は、予告編を観たときからずっと気になっていて、友だちと初日に観に行ったんですが、主演の谷丸くんの演技が素晴らしすぎて、予想外なストーリー展開が多くて感動だったんですが、途中でトイレに行きたくなっちゃって、後半はモジモジしながら観てました(笑)。

変更後

この映画は、予告編を観たときからずっと気になっていたんです！　友だちと初日に観に行きました。主演の谷丸くんの演技が素晴らしすぎたし、予想外のストーリー展開で感動。ただ途中でトイレに行きたくなっちゃって、後半はモジモジしながら観てました(笑)。

「主述のねじれ」を解消する

前の例文もそうなのですが、主語と述語がかみ合っていないと、違和感を与える「読みづらい文章」になります。

変更前

このふんどしの魅力は、クッション性が高くてはき心地が抜群で、デザインもスタイリッシュで、毎日はきたくなります。

変更後

このふんどしの魅力は、高いクッション性と抜群のはき心地、そしてスタイリッシュなデザインです。毎日はきたくなります。

変更前を見てください。主語が「ふんどしの魅力」なのに、述語が「はきたくなります」になっています。ふんどしの魅力ははけるものではありませんよね。これが「主述のねじれ」です。

主語と述語がねじれていることに気づいたときは、主語か述語のどちらかを修正する、もしくは複数の文に分けてしまうのが手っ取り早い方法です。

「情報の順番」を整える

こちらもいろんなところで見かける「読みづらい文章」です。

良質な有機いちごだけで作るので数に限りがあるのですが、当園では昨年株を大きく剪定した後に伸びた新しいランナーから元気な株がすくすくと育ち、多くの実がついて豊作で良質ないちごが収穫できました。

どうでしょう。なんとなく意味はわかるものの、読みづらさを感じませんか？

理由は2つあります。1つは一文が長くて要素が多いこと。もう1つは、冒頭で「数に限りがある」と述べているのに、後半では「豊作」と一見矛盾する表現になっていることです。

「①結論（数量限定）→②栽培過程→③収穫結果（豊作）」という順序で書くなら、①と②の間に適切なつなぎ言葉が必要です。いまのままだと、「数量限定の話」と

「栽培過程の説明」に関連性が見いだせません。

この問題を解決するシンプルな方法として、**「時系列」**に沿って整理してみましょう。

当園のいちごは、昨年株の剪定をしたところ、新しい株がとても元気に育ちました。おかげで今年は豊作で、たくさんの実を収穫できています。ただ、有機栽培にこだわって育てているため、販売できる数には限りがあります。

この例文から学べることはもう1つあります。**「ですが」の使い方です。**

「昨日の会議の内容ですが、以下の通りとなります」「商品の発送方法ですが、宅配便のみとなります」のように、**なんでもかんでも「ですが」をつける人をよく見かけます。**

ただ、安易に「ですが」を使うと文章の要点がぼやけがちですし、一瞬「逆説の意味かな」と読み手をミスリードさせる恐れがあります。

前者は「昨日の会議の内容は以下の通りです」、後者は「なお、商品の発送は宅配便のみとなります」のように直接的に書いたほうが読みやすくなりますし、誤解も防げます。

大切なことは「前」にもってくる

メールやチャットでは、**優先順位が高い要素を「前」にもってくる**と、伝えたいことが相手の印象に残りやすくなります。

変更前

新サービスを庄子商事に提案するために、来週の水曜10時から打ち合わせをしましょう。

変更後

21日（水）10時から、庄子商事への新サービス提案について打ち合わせをしましょう。

この例文の場合、もっとも重要なのは**「来週の水曜10時」**です。会議の目的は伝わっていなくても問題ありません（本当はよくないのですが）。それよりも、日程を勘違いされたり、そもそも会議があること自体を見逃されたりするほうが深刻です。

変更後を見てください。日程を一番前にもってきていますよね。こうすることで、読み手としても、パッと見た瞬間に「あっ、この日に会議があるんだ」という意識をもてます。忙しくても本文が長くても見逃しにくくなる。

加えて、「来週の水曜」を「21日（水）」に修正しています。来週の水曜を「20日」

や「22日」と勘違いさせないためです。

数字は具体性を付与する効果があるので、数字にできるところは積極的に置き換えましょう。

書かれてあることはすべて読むのが当たり前だ――。そう思いたい気持ちはよくわかります。でも、現実にはなかなか難しいですよね。

たとえ仕事のやりとりであっても、人はきっちり文章を読んでいないもの。

「読んでない相手が悪い」じゃなくて「わかりやすく伝えられなかった自分が悪い」。そう考えたほうが、自身の書く力を高めるきっかけになりますし、余計なストレスを抱えずに済むと思います。

2 「ダブり文」を削る

ダブり文とは、同じ内容や意味を繰り返し述べている文章のこと。

表現や語り口を変えてより印象を強めたいならいいのですが、「これってただの重複じゃない？」と感じる文章をよく見かけます。

たとえば、こんな例です。


多くの人に読まれる小説には共通点があります。それは「登場人物たちの行動に説得力があること」です。読者の心をつかむには、キャラクターの内面を丁寧に描き、読み手が共感できる展開をつくる必要があるでしょう。つまり、読者の心をつかむ説得力と共感できる展開があってこそ、多くの人から読まれる小説になるのです。

最後の一文を見てください。
前で説明した内容の単なる言い換えになっていますね。意味においても表現においてもダブり感が強い気がしませんか？　削ったほうがスマートな印象になりそうです。

多くの人に読まれる小説には共通点があります。それは「登場人物たちの行動に説得力があること」です。読者の心をつかむには、キャラクターの内面を丁寧に描き、読み手が共感できる展開をつくる必要があるでしょう。

ダブり文を書きがちなのが次のシーンです。

- プレゼン資料で、スライドのタイトルと同じ内容を本文で繰り返す
- 事例紹介で、同じような教訓を示す例を載せる

● 各章の冒頭で前章の内容を詳しく振り返る

「大事なことは繰り返し書く」のは間違いではないのですが、近い距離で繰り返されるとくどいですし、ましてや表現も似通っていると「あなたは同じことを何度も書かないとわかりませんよね」と馬鹿にされたような気分にもなります。

少し物足りなく感じたとしても、伝えたいことだけ残す。

文章も腹八分目くらいがちょうどいいのかもしれませんね。

3 「プロデューサー視点」で取捨選択する

「個別の文章」ではなく「全体的な構成」から不要かどうかを判断します。

曲(アルバム)全体のコンセプトから外れていないかを確認する、つまり**「プロデューサー視点」でムダ文章をカットするイメージです。**

次の例文を見てください。

変更前

投資の基本原則について説明する前に、株式市場の歴史を振り返りましょう。１６０２年、オランダ東インド会社が世界初の株式公開を行いました。その後、１７７３年にはロンドン証券取引所が設立され…（中略）…そして現代の株式市場に至ります。

さて、投資の基本原則の一つは分散投資です。

変更後

投資の基本原則の一つは分散投資です。

変更後

を見て驚いたかもしれませんが、なにも株式市場の歴史を書くこと自体を否定したいわけではありません。ここは「投資の基本原則」を解説する部分であり、株式市場の詳細な歴史を入れたいなら別のところで書くべきだと判断しました。

自分の得意分野や好奇心のあるテーマだと、ついつい「あれもこれも伝えたい」とたくさん書き連ねて、脱線してしまいがちです。ぼくもしょっちゅうやってしまいます。

でも、脱線があるからこそ唯一無二の文章になることは多々ある一方で、「読み手が本当にここで求めている情報なのか？」と自問する姿勢も必要です。

とくに不要な文章が出やすいのが、次のようなシーン。

- 当たり前の情報を長々と説明している
- 本筋とは関係ない背景やデータを必要以上に書いている
- 専門用語や社内用語などを多用している

ではここで、おさらいクイズです。

クイズ

あなたは飲食店のスタッフです。
昨日起きたトラブルについて、
エリアマネージャー宛ての報告文を書いてみました。
さて、どこを手直しすべきでしょうか？

昨日ご来店いただいたお客様とのトラブルについて報告します。商品の在庫が一時的になくなっていて、お客様がお目当ての商品を購入できなかったため、とても怒ってしまわれて、謝罪はしたものの全然聞いていただけなくて、店長を呼べと強く要求されたのですが、あいにく店長が外出中で不在だったため、ますます怒りが収まらない状況になってしまい、結局お客様は「二度と来ない」と怒鳴って帰られてしまいました。

修正すべき内容

まず気づいたと思いますが、2文目がかなり長いですよね。要素が多すぎますし、ダブり感も強いです。

こういうときのポイントは、**話題や時系列が変わるときは文を分ける**でしたね(75ページ)。

それと、お客さんの「怒り」に関する表現が重複しています。

とくにビジネス上の連絡では、**第三者の描写であっても感情的な表現を控えめにして、事実を淡々と伝える**ほうが読み手は客観的に判断しやすくなります。

あともう一点付け加えるとしたら、**冒頭にトラブル発生の時間（＝数字）を入れる**ほうがよいかなと思います。

相手（エリアマネージャー）目線で考えると、「在庫切れが起きやすい時間」や「シフト体制の見直し」など、今後の対策を考えるうえでの有益なヒントになるかもしれません。

それに「昨日」という広さではなく、しっかり時間まで報告したほうが、報告者としての意識の高さも示せそうですよね。

変更後

昨日15時頃に起きたお客様とのトラブルについて報告します。お目当ての商品が一時的に品切れで、ご用意できませんでした。すぐに謝罪しましたが、店長との面談を強く求められました。あいにく店長は外出中で、お客様は「二度と来ない」とおっしゃって退店されました。

どうでしょうか。だいぶすっきり、かつ具体的になりましたね。

削るのは勇気が必要なので、「いちおう書いておこうかな」と思う気持ちもわかります。ただ、情報を絞ったほうが読み手の負担が減り、最後まで読んでもらいやすくなることも多々あります。

削るか迷ったら、一度は削ってみる。

読み返してみて「やっぱり必要だ」と感じたら元に戻せばいいんです。**まずは削った姿を見てみる**ことが大事です。

スキル 2

見やすくする技術

第一印象で「読みやすい」と感じさせる文章の共通点

前項「ムダを削る技術」がダイエットだとしたら、次の「見やすくする技術」は**スタイリング**です。

メールを開封したとき、ドキュメントを開いたとき、SNSのタイムラインで見かけたとき、「この文章は読みやすそうだな」「なんかおもしろそうだな」という印象を読み手に与える。**最後のひと工夫で「読みたい欲」をぐっと刺激する。**

料理でいうなら盛りつけ。それが見やすくする技術です。

文章といえば「読む」という動詞が思い浮かびますが、実際にぼくたちが文章を読んでいるときは、**「見る→読む」、あるいは「見る＋読む」というように「見る」という行為が無意識に含まれています。**

たとえば、最終面接まで進んでいる企業からメールが届いたとします。

件名は「最終面接の結果につきまして」。ドキドキしながら開封してみる。すると、1秒もかからずに結果がわかると思います。

これは頭から一文ずつ読み進めていったのではなく、**全体から必要な情報を瞬時に読み取っているから**です。読んだのではなく見た。目を動かしたのではなく脳が勝手に反応した。

同じようなことは本を読んでいても起こります。

お腹gaスKIマ下Ne!

驚かせてしまったらすみません。わかりやすい例を出してみました。

でもどうでしょう。前のページを開いてすぐにこの大きな文字の羅列に気づいたのではないでしょうか。少なくとも左ページに視点が移ったタイミングで「ん？」と違和感を覚えたはずです。前文を読んで初めてその存在に気づいたわけではないですよね。

この現象は本を読んでいれば、誰しもが経験します。

ページをめくって、まっさらな左ページに「第2章」とだけ書かれていたら、「1章はもう終わる」と無意識に思いながら右ページを読み進めます。前段から続いた文章としてだけでなく、1章の終わりの文章として脳が解釈する。**言語的メッセージと同時に非言語的メッセージも受信している。**

紙の本だと物理的な重さも加って「いま全体の3分の2以上はきたから、そろそろ伏線回収に入るだろう」みたいな予測も触覚情報から脳が勝手に行う。

このように読書は、じつはたいへん身体性を伴う行為なのです。

文章は右から（あるいは上から）読み進めるものである。

これも間違ってはいないのですが、より正確にいうなら**「いま読んでいる文章以外の視覚情報や本の重さ・厚みといった情報を参照しながら、目の前の文章を読み進めるものである」**ということになります。順に読みつつ、全体も同時に見ている。

少し話が広がりましたが、文章の第一印象をよくすることは、内容理解の手助けと読み疲れの軽減になりますし、先を読み進めたくなるグルーヴ感を生み出すことにもつながるんです。

文章の「見た目」をよくする5つのスタイリング術

それでは「文章スタイリング術」を見てみましょう。5つあります。

どれも簡単で、すぐに取り入れられます。

● 余白で魅せる

あなたのもとに、次ページのメールが届きました。

文字がぎゅっと詰まっていて、かなり読みづらく感じないでしょうか。

「改行」や「空行（1行空けること）」「読点（、）」がないと、第一印象が悪く、読む気が失せてしまいます。

件名：今週の定例会議のアジェンダ

今週の定例会議のアジェンダについてお知らせします。まず先週の議論を踏まえ新規プロジェクトの販促戦略について話し合いたいと思います。これまでの課題と成功例に焦点を当てつつ次のステップについて議論しましょう。またユーザーからのフィードバックを見ながら製品の改善についても検討したいです。会議はいつもの時間に始めますが今回は少し長引く可能性がありますのでスケジュールに余裕を持って参加してください。よろしくお願いします。

そこで次ページのように手を加えてみましょう。

どうでしょう。改行、空行、読点を入れただけですが、ぐっと読みやすくなりましたね。

これはメールだけでなく、チャット、報告書、エッセイ、SNSでも基本は同じです。

1〜3文に1回、改行や空行を入れる。

これを意識するだけで、「文章の見た目」はぐっとよくなります。

続いて、読点について。

読点は前の例文のように少なすぎるのはもちろん、「これは、トマトのような、香りの、お酒ですね」みたいに多すぎても読みづらくなります。

件名：今週の定例会議のアジェンダ

今週の定例会議のアジェンダについてお知らせします。

まず先週の議論を踏まえ、新規プロジェクトの販促戦略について話し合いたいと思います。

これまでの課題と成功例に焦点を当てつつ、次のステップについて議論しましょう。

また、ユーザーからのフィードバックを見ながら、製品の改善についても検討したいです。

会議はいつもの時間に始めますが、
今回は少し長引く可能性がありますので、
スケジュールに余裕を持って参加してください。

よろしくお願いします。

そのため世の文章読本では、読点について、次のようなメソッドが説かれています。

- 息継ぎをするタイミングで入れる
- 誤読になりそうな場所に入れる
- 長い主語のあとに入れる
- 逆説（「～が」など）のあとに入れる
- 原因と結果の関係（「～ため」など）のあとに入れる
- 名詞を並列で書くときに入れる

ただ、いずれもそうだよなとは感じつつも、ピンとこないというか、「本当に単純に技術の問題なのかな」とも思ってしまうんです。

というのは、ストレスを感じるくらいの読点の多すぎ・少なすぎって、書き手が多くしよう(少なくしよう)と意識しないと、そうならない気がするからです。

日本で育った人のほとんどは、業務教育や日常生活を通じて、正しい(少なくとも間違っていないとされる)日本語を浴びてきています。その過程で「こういうときに読点を入れるものだ」と、人によって程度の差はあれども、学び、体得してきているはずです。そう考えると読点の多すぎ・少なすぎって、**じつは本人としてもそれなりにこだわりがあってやっている**のではないでしょうか。

たとえば、尊敬する先輩から「読点が多いと幼稚に見えるからやめたほうがいいよ」と言われたとか、好きな作家が読点多めだから自分も同じようにしているとか、前職で「文頭の接続詞のあとに読点を入れるのはNG」というルールがあったから継続しているとか。これが絶対的に正しいとは言わないまでも、「自分としてはこんな感じがいい」と思ってやっている気がするんです。

なんでそう思うのかというと、ぼくも同じような経験をしているからです。編集した過去の作品を振り返ってみると、30代前半までに手がけたものはどちらかといえば読点多めで、ここ2、3年は少なめです。

要は、**こだわりの波**があるわけですね。ファッションや音楽の好み、付き合う人のタイプが変わるように。

あるいは、こだわりじゃなくても、「ネガティブな報告で煙に巻きたいから、あえて読点を少なくして読みにくくしよう」みたいな理由もあるかもしれません。**相手やシーンに応じて読点の量を意図的に調整している**わけですね。

こうやっていろいろ事情を想像していくと、まず大前提として、読点は「極端に多い・少ない」のでなければ、一人ひとりが読みやすいと感じる位置に入れたらいいのではないでしょうか。

ただし、「読み手に負担を強いること」よりも「自分のこだわりを貫くこと」を優先するのは、少なくともビジネスシーンでは認められませんし、そういう人がいた場合はやんわりでも指摘すべきです。

そのときは「読みづらい」とか「わかりにくい」みたいな否定的なアドバイスではなく、**提案を意識して伝える**のがいいと思います。「TPO（時と場所と場合）的には、もう少し読点があったほうがいい気がします」みたいに。

ただ繰り返しになりますが、極端に多い・少ないという自覚がないのであれば、そこまで厳密に気にする必要はないように思います。

むしろ自分なりにリズムを工夫してみることは、表現のレパートリーを増やすうえではとても大事です。それにルール化すると、書くことが退屈で苦痛なものになりそうですし。……甘すぎますかね。

情報を整理する

メールやチャットで「複数」の情報を伝えたいとき、シンプルに文章だけで表現しようとすると、文字がぎゅっと詰まったようなものになり、内容を理解するのに少し時間がかかってしまいます。

とくにビジネスシーンだと、理解するのに時間がかかる文章は嫌われます。

読み手は、「結論（で、自分はどうすればいいの？）」を早く知りたいものです。

次ページのメール文を見てください。

ここでは伝えたいことが3つあるのですが、すべて文章で表現すると「見る」だけで判断できず、「読む」という行為を強いられます。きっと小池部長はスルーしたくなるでしょう。

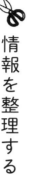

件名：案件の進捗状況のご報告

小池部長、お疲れ様です。

先日ご指示いただいた案件の進捗状況をご報告します。

まず、新規顧客向けのプレゼン資料ですが、ほぼ完成しました。ただ最後の収支予測のところで少し迷っているので、ご相談させていただきたいです。

それから、来月の展示会の準備も進めています。ブースのレイアウトは決まりましたが、配布物の内容がまだ固まっていません。

最後に、チームのモチベーション向上策として考えていた社内勉強会ですが、テーマと日程の案ができました。

上記3点について、明日の定例会議後、15分ほどお時間いただけないでしょうか。ご意見やアドバイスをいただけますと幸いです。

よろしくお願いいたします。

そこで、次ページでは伝えたい3点を「箇条書き」にしています。こうすることで視認性が向上し、より少ない時間で内容を理解できるようになります。

加えてここでは箇条書きするにあたり、次の3点を意識しました。

「区切り線」を入れる

「ここからは質問」など、本文と見た目を差別化させたいときに使います。区切り線を入れることで、**伝えたい箇所に視点を集めて、読み手の負担を軽減できます。**

「ガバニング」を入れる

ガバニングとは直訳で「統制する」、ビジネスの文脈では**「頭出しのまとめ」**を意味します。今回なら「ご相談と進捗共有が3点あります」がまさにそうです。

件名：進捗状況のご報告とご相談

小池部長、お疲れ様です。

先日ご指示いただいた案件につきまして、
ご相談と進捗共有が3点あります。

----
①新規顧客プレゼン資料：ほぼ完成したものの、収支予測部分で相談があります。
②展示会準備：ブースレイアウト決定。配布物内容は検討中です。
③社内勉強会：テーマと日程案が作成完了しました。

上記3点について、明日の定例会議後、
15分ほどお時間いただけないでしょうか。
ご意見やアドバイスをいただければ幸いです。

よろしくお願いいたします。

あらかじめ「3点」と書いておくことで、相手は「伝えたいことが3点あるんだな」と意識しながら読み進めることができます。

ちなみに例文では、3点のうち①が相談、②と③が共有事項なので、次ページのようにまとめてもわかりやすくなります。

ガバニングは箇条書きだけでなくプレゼンにも有効で、スティーブ・ジョブズも使っていました。

いきなり本題に入るのではなく、「今日は3つのことについてお話しします」と言うだけでも聴衆の関心を引き寄せ、より長く持続させられるはずです。

質問や相談には「番号」を振る

このメールを受け取った小池部長が「新規顧客プレゼン資料」についてだけ返信しようとしたシーンを想像してみてください。

件名：進捗状況のご報告とご相談

小池部長、お疲れ様です。

先日ご指示いただいた案件につきまして、
ご相談と進捗共有が3点あります。

【相談事項】
①新規顧客プレゼン資料：ほぼ完成したものの、収支予測部分で相談があります。

【共有事項】
②展示会準備：ブースレイアウト決定。配布物内容は検討中です。
③社内勉強会：テーマと日程案が作成完了しました。

上記3点について、明日の定例会議後、
15分ほどお時間いただけないでしょうか。
ご意見やアドバイスをいただければ幸いです。

よろしくお願いいたします。

「新規顧客プレゼン資料」といちいち打つのは面倒ですよね。

そこで先回りして、**こちらから論点に対して1、2、3と番号を振っておきます。**こうすることで、相手は「1は成川課長に相談しましたか?」のように**返信を省力化できます。**

質問や相談は相手の返信を求めるものなので、こうした先回りの気づかいができると「仕事ができる人だな」と思ってもらえるはずです。

メリハリをつける

強調したい言葉や長い一文には「かぎかっこ」を入れると見た目にメリハリが生まれます。

資料やコンテンツにおいては次の「太字」と組み合わせてもOKです。

【変更前】 一度で伝わらないとき、それでも伝えたいのであれば繰り返し伝えることが必要です。
【変更後】 一度で伝わらないとき、それでも伝えたいのであれば「繰り返し伝えること」が必要です。

アクセントを効かせる

強調したい部分があったら、太字にするのも有効です。

ただし、**2文以上続けて使ったり、近い距離で繰り返したりすると読みづらくなります。**

あと個人宛てのメールやチャットでは、やや押しつけがましい印象を与えるので、基本的に使わないほうがベターだと思います。

【変更前】記憶力や集中力の差もあると思いますが、人はかなりの情報を忘れてしまう、もしくは最初から聞いていません。

【変更後】記憶力や集中力の差もあると思いますが、**人はかなりの情報を忘れてしまう、もしくは最初から聞いていません。**

やわらかい印象をアップ

漢字ばかりだと小難しく、とっつきにくい印象を与えるものです。

「ひらがな7割、漢字3割」を目安にすると、読みやすく、やわらかい印象に見せられます。

出版業界では漢字にすることを「閉じる」、ひらがな／カタカナにすることを「開く」と言います。次ページにまとめたのは、仕事でもよく使う、かつ開いたほうがやさしい印象を与えられる言葉です。

ひらがなにしたほうが やさしい印象を与える言葉

「頂く」	→	「いただく」
「為」	→	「ため」
「所」	→	「ところ」
「何故」	→	「なぜ」
「無い」	→	「ない」
「出来る」	→	「できる」
「更に」	→	「さらに」
「多分」	→	「たぶん」
「下さい」	→	「ください」
「一体」	→	「いったい」
「大体」	→	「だいたい」
「従って」	→	「したがって」
「又は」	→	「または」
「尚」	→	「なお」
「即ち」	→	「すなわち」
「且つ」	→	「かつ」
「所謂」	→	「いわゆる」
「既に」	→	「すでに」
「恐らく」	→	「おそらく」
「如何に」	→	「いかに」
「例えば」	→	「たとえば」
「沢山」	→	「たくさん」
「暫く」	→	「しばらく」

とくに「文章が冷たいってよく言われる」「やわらかい印象を出したい」という人は、**迷ったらひらがなにする**くらいがちょうどいいと思います。それだけでも文章の雰囲気はかなりやさしくなります。

こんなことを言うと「仕事のやりとりでは漢字を多く使うべき」という反論が聞こえてきそうですが、たとえそうだとしても「自分は漢字を多く使っている」という自覚はもっておいてもいいと思います。

相手によって、漢字とひらがなのバランスを調整してみる。

たとえば、基本は漢字を積極的に使っていたとしても、フレンドリーな顧客や部下にはひらがなを多く使ってみる。

それくらいの臨機応変さはあってもよいのではないでしょうか。

ただし、プレスリリースやニュースレターなど会社として公式な発表をするときには、「漢字5割、ひらがな5割」くらいがいいと思います。少しかしこまった印象になるでしょう。

ひとつのスタンスにこだわりすぎず、相手や場面に合わせて比率を変えていくのがいいのでしょうね。

スキル 3

構成をつくる技術

最後まで飽きずに読める文章はここが違う！

ここまで細かいメソッドばかりだったので肩が凝ったと思います。次の話は「構成」。やや大ぶりな話になりますので、頭の体操がてら聞いていってください。

「おはようございます。今日もがんばりましょう」みたいな短い文章ならいいのですが、ある程度のボリュームになると、言いたいことをすっきり伝えるための「流れ」に頭を悩ませることになります。この流れこそが構成です。

構成について考えるときに置き去りにされがちなのは、**「そもそも構成をつくる必要はあるのか？」**という論点です。

じつはこれ、ケースバイケースだと思っています。

構成をつくったほうが効率的に書けるケースもあれば、構成をなにも決めないほうがおもしろく書けるケースもある。この判断は「なにを書くのか」「読み手になにを感じてほしいのか」「自分はどういうタイプか」によって書き手が選択すべきです。

では構成をつくったほうがいいケースとはなにか？

これは、書く目的がはっきりしていて、読み手に期待することが決まっているとき、つまり**「わかっていることを書くとき」**です。

代表的なのは、メールや報告書、企画書、論考など。プロのライターが書く商業的な記事もここに該当します。

主題・主張はおおむね定まっており、全体の見通しもある程度はついている。ゴールは「正確に伝わること」や「共感を得ること」。タイプとしては、流れが決まっていたほうが安心して書き進められる。旅行でいうならスケジュールをきっちり決めておきたい派。

こういった場合は、構成を先につくったほうが、短時間で納得のいく文章を書けることが多いと思います。

一方、構成をつくらないほうがいいケースはその逆で、**「なにを書くのかよくわかっていないとき」**です。

テーマはなんとなくあるけれど、自分でもなにを伝えたいのかわかっていない。そもそもなぜ書きたいのかもよくわからない。ゴールは「正確に伝わること」や「共感を得ること」もあるけれど、書くという行為を通じて自分がなにを考えているのか、どんな枠組みで物事をとらえているのかを知りたい。
言い換えれば、外向きであるのと同時に内向きでもある。商業的ではなく私的である。書ききったあとの「見える景色がガラッと変わる感覚」がたまらない。そんなふうにいえるかもしれません。

20世紀フランス最大の作家・批評家と称されるモーリス・ブランショは、自著でこう書いています。

作家はその作品を通じてはじめて自分の位置を知り、自分をかたちにする。作品より以前に、作家は自分が何ものであるか知らないばかりか、何ものでもない。作家は作品のあとにはじめて存在し始めるのである。

'La littérature et le droit à la mort' in La Part du Feu,

なにを書くのか自分でもわからない状態で書き始めるとなると、読み手としては先の見通しがつかない半面、書き手の思考の揺らぎを垣間見ることができますし、予期せぬ脱線もあってスリリングな体験を味わえます。

タイプとしては、先が見えないほうが書いていて楽しい。流れはそのとき考えればいいし、脱線したらそれはそれでいい。内容よりもグルーヴ感やヴィークル（文体）を大事にしたい。

こういう場合は、構成をつくり込みすぎると自発的な流れが阻害されてしまう可能性もあるため、構成を先にガッチリかためる必要はないと思います。

もちろん実際にはこの二者択一ではなく、「構成をやんわりつくっておき、そこから先は自発的な流れに任せる」ということもあるでしょう。それに書き手の得意・不得意、読み手の好き・嫌いもあるので、どちらが正解というわけでもありません。

ただ、**構成に対する考え方がどちらかに偏りすぎてしまうと、「読める文章」や「書ける文章」の幅が狭まってしまいます。**

構成をすごく重視する人は、エッセイや小説など自由な展開の文章を読んでも「筋が通っていない」「まとまりがない」と感じ、早々に読むのをやめてしまう。逆に、自由な文章しか認めない人は、ビジネス書やレポートなど論理的な構成の文章を「創造性がない」「つまらない」と決めつけ、最初から読もうとしない。これだとせっかくの学びや発見の機会を逃してしまいます。

書く側としても同じ傾向が表れます。構成重視の人は「型から外れてはいけない」と思いすぎて堅苦しい文章になったり、逆に自由さにこだわる人は読み手の立場を忘れて「伝わりにくい文章」になったりしてしまいがちです。

これは文章を楽しむうえで、すごくもったいないと思いませんか。

ビジネス書でも小説でもギャル誌でも**「読んでおもしろいと感じられる」**。企画書でもエッセイでも**「書いていて楽しめる」**。そんな柔軟さを身につけたほうが、表現の幅も広がり、より豊かな文章力が身につきそうですよね。

ガチガチに構成を組み立てることもできれば、するすると自由に筆を進めることもできる。この両方のスキルをもった人の文章には、不思議と「読みやすさ」と「感じのよさ」が同居しているように感じます。

そこでここからは、「ある程度の型を決めつつ、自由な発想も生かせる」、いわば**「コンパス片手に冒険できる構成」**のつくり方を考えていきます。これでもっと楽しみながら書く力をレベルアップできるはずです。

3分でわかる「構成」の基本

まず構成の基本についてはほかの文章読本をお読みいただくとして……と言おうとしたのですが、それもそれで不親切だと思ったので、簡単におさらいしておきましょう。3分もあれば終わると思いますが、「そんなのいまさら」という人はスキップしてください。

構成とはなにか？　ぼくは**「曲がり角」**だと考えています。

田舎にある、地平線が見えるほどまっすぐ伸びた道路を想像してください。アクセルを踏むだけでハンドルを切る必要がない。運転にはラクな一方で、流れる景色も判で押したように変わらず、退屈で眠くなるような一本道です。

曲がり角がなければ、ひとつの風景しか見ることができません。

そうなると、読み手としては頭も身体も使わないから飽きてしまう。少し抑揚を変えたくらいでは退屈さはしのげないし、そもそも直線だけでは目的地にはたどり着けない。

だから、**あるところで曲がり角を設ける必要がある。**

それが構成の基本的な考え方だと思っています。

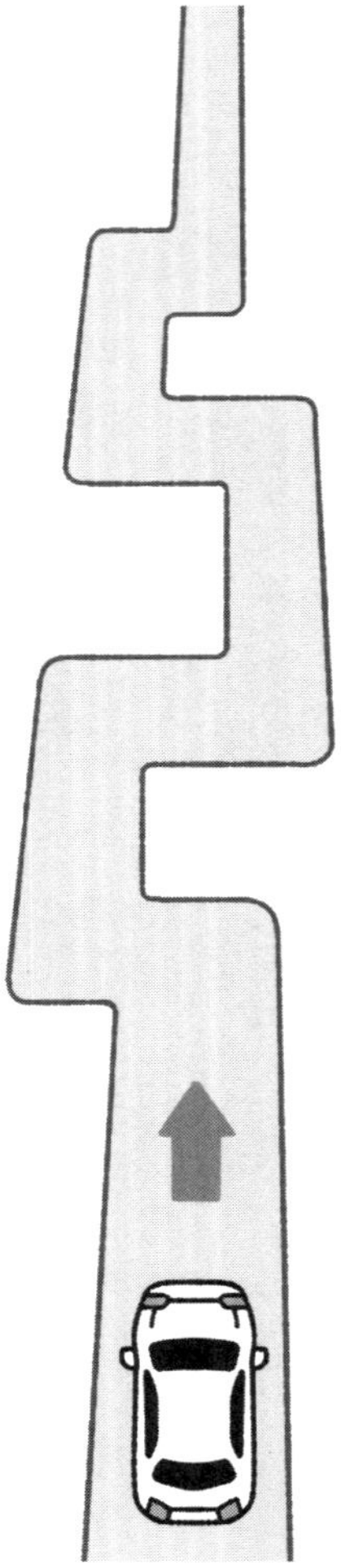

ではどんな構成があるのか。代表的なのが次の3つの型です。

① 序論・本論・結論(序破急)

もっともオーソドックスな構成であり、ジャンルを問わずよく使われています。「序論」で主題の提示や問題提起をして読み手の興味を引き、「本論」で具体的な議論を展開して、「結論」で全体をまとめます。小説や映画、舞台でも物語の基本は三幕構成(設定、対立、解決)であり、これは古代ギリシャ時代から変わりません。

ぼくが以前勤めていた出版社では、この型を**「序破急」**と呼んでいました。ビジネス書や実用書では「破(=解決策)」がたくさんあったほうが読者の満足度が高まりやすいとされるため、1章が序、2~7章までが破、8章が急、つまり「序破破破破破破急」みたいな章立てでもよしとされていました。

2 起承転結

こちらも古くから使われている構成です。「起」で主題を提示し、「承」でそれを深掘りして、「転」で新たな展開や視点を導入し、「結」で全体をまとめます。「問題解決型」の場合は、現状分析や問題提起から始まり（起）、原因分析（承）、解決策の提案（転）、実行計画（結）という流れで展開します。

ただ編集者の立場からいうと、もはやマス向けのコンテンツでは順序立てて「結」まで読者を引っ張るのはかなり難しく、各フェーズに「転」を入れなければならない状況になっていると感じます。**「起↓転、承↓転、転↓転＋結」**みたいなイメージです。

動画コンテンツの世界でも同じ傾向が見られます。視聴者の「待てる時間」はどんどん少なくなっているため、「転」と「転」の間隔が短くなっています。

お手本のような起承転結は、いまの時代には通用しない。そう言ってよいと思います。

3 PREP法

ビジネスや学術で効果的とされているのが「PREP法」です。Point（結論）、Reason（理由）、Example（例）、Point（結論）の順で展開します。主張とその根拠を明確に示すことができるので、**説得力のある文章を書きたいときに便利な構成**です。

同じくビジネスシーン、とくに会議などで**報告、連絡、相談をしたいときに使いやすい構成**として「SDS法」があります。Summary（概要）、Details（詳細）、Summary（まとめ）です。

「コンパス片手に冒険できる構成」のつくり方

仕事で使う資料や事務的なメッセージなどの場合、これらの型にはめて構成をつくり、そこに素材を流し込んで、最後に整えるというプロセスで問題ないでしょうし、それ以上を求められることは少ないはずです。

とはいえ、型にはまりすぎた書き方をしたくないとき、言い換えると**「読み物としておもしろさ」を出したいとき**は、さきほどお伝えしたように、「コンパス片手に冒険できる構成」をつくってから書き進めるのがいいと思っています。

コンパス片手に冒険できる構成は、次の4ステップでつくります。

1 「2W2O」を言語化する
2 切り口を決める
3 見出し候補を出して並び替える
4 全体の流れを3回リピートする

どれもすごく簡単です。それぞれ見ていきましょう。

① 「2W2O」を言語化する

下準備として、まず「2W2O」を決めます。

ノートに書き出すなり、スマホのメモ帳にまとめるなり、好きな方法で次の4つを言語化しましょう。

Who

誰に向けた文章なのか。 承認を得るためなら「決裁者」でしょうし、実用的なコンテンツなら「〇〇の悩みをもつ人」となるかもしれません。年代、性別、地域、難易度、習熟度などで絞るのもいいかもしれません。あるいは「こういう文章（記事、本、ブログなど）が好きな人」みたいな決め方でもいいと思います。いずれにせよ、ターゲットをある程度決めておきます。

What

なにについて書くのか。 テーマですね。ここはぼんやりでも決まっていることが大半だと思うので、改めて言語化するくらいで大丈夫です。

Outcome（1）

どうなってほしいのか。（1）とついている理由は、2つとも「Outcome（結果)」だからです。

1つめのOutcomeは、**読み手にどうなってほしいのか。**「気づきを得てほしい」「買い物の参考にしてほしい」「自分に自信をもってほしい」「くすっと笑ってほしい」。なんでも構いません。その前で決めた「誰に/なにを伝えて」に続く**読者のゴール**を考えます。

Outcome(2)

2つめのOutcomeは、**自分はどうなりたいのか。**

「バズりたい」「評価されたい」「感謝されたい」「あの人に読んでもらいたい」「自分を表現したい」など欲望ど直球で問題ありません。欲がない人でも「せっかくなら多くの人に読んでもらいたい」くらいの気持ちはあるはずなので、素直な心で自問自答してみてください。

② 切り口を決める

次は、ステップ1で言語化した4つの要素をすべて満たす切り口を考えます。

「すべて」に傍点を振ったように、1つも漏れがあってはいけません。

といってもWhoとWhatは強く意識しなくても満たせると思うので、実際には**2つのOutcomeを満たせるかどうかが切り口のポイントになります。**

慣れてくるとパッと思いつくようになるのですが、それまではある程度訓練が必要かもしれません。

では、切り口を考えるときの視点を3つ紹介しましょう。

すべて満たす必要はなく、どれか1つ、ケースバイケースで選んでOKです。

テンプレートを活用する

「知識ゼロでもわかる」「知らないと損する」「私が◯◯した理由」「完全ガイド」「おすすめ30選」のように、よく見かける切り口を採用する。よく見かける切り口はそれだけ普遍的ともいえるので、検討する価値は十分にあります。

331ページの「タイトルでよく使われる表現」から考えるのもおすすめです。

「自分（書き手）の強み」をかけ合わせる

「世界40カ国を旅して見つけた」「元警察官が教える」「50人の新入社員を指導して気づいた」など、自分ならではの経験や実績を織り交ぜた切り口を考える。よりキャッチーに見せたいなら、数字を入れるのがおすすめです。

読み手に合わせる

1つめのOutcome「読み手にどうなってほしいのか（読者のゴール）」を最優先の軸にして考える。たとえば「正確な知識を身につけること」がゴールなら

「しっかり解説」みたいな切り口になるでしょうし、「短時間で知ってほしい」がゴールなら「3分でわかる」になるかもしれません。

読み手の立場になったときに、どういう切り口だったら読みたくなるかを深掘りしましょう。

③ 見出し候補を出して並び替える

切り口まで決まったら、いよいよ本格的に構成（曲がり角をいくつ設定するか）を考えます。

最初は表現や流れを気にせず、切り口から思いつく限りの見出し候補を出していきましょう。テーマの中心から思考を拡げていく。いわば**「拡散モード」**です。

そのあと整理していきます。**「収束モード」**ですね。

拡散モード↓収束モード。この順番です。

たくさんの見出しをリストアップしたあと、改めて見直してみると「あれ？これって全体のテーマから外れてるな」と気づくものが出てきます。そういう場合は、順番を変えるだけでなく、大胆に削ることも検討します。

少しイメージしづらいと思いますので、例を通して考えてみましょう。

ステップ1 「2W2O」を言語化する

書き手は30代のコーヒー好きの女性。noteにアップする記事の構成で、こんな感じでまとまりました。

- Who／誰に向けた文章なのか ↓ **コーヒーが好きな20、30代の女性**
- What／なにについて書くのか ↓ **コーヒー豆の選び方**
- Outcome（1）／読み手にどうなってほしいのか ↓ **自分に合ったコーヒー豆を選べるようになってほしい**

● Outcome（2）／自分はどうなりたいのか

↓　**バズりたい、コーヒーに詳しいことを伝えたい**

ステップ2　「切り口」を決める

「『自分（書き手）の強み』をかけ合わせる」から、次の切り口に決定。

コーヒーに300万円使った私が教える「コーヒー豆の選び方」

ステップ3　「見出し」まで落とし込み、並び替える

見出し候補を拡散モードで出していったら、7個挙げることができました。

テーマ

コーヒーに300万円使った私がおすすめする「コーヒー豆の選び方」

見出し候補

1 300万円をなにに使ったのか
2 コーヒー豆の超基礎知識
3 コーヒー豆の収穫・精製方法
4 コーヒーの歴史
5 シーン別・おすすめコーヒー豆
6 価格別・おすすめコーヒー豆
7 コーヒーをおいしく抽出する方法

どうでしょう。構成としてはいい感じになってきましたね。

でもここから収束モードで見出しを精査していくと、削除すべき項目が3つ見えてきます。

3　コーヒー豆の収穫・精製方法
4　コーヒーの歴史
7　コーヒーをおいしく抽出する方法

この3項目はコーヒーに関連するものの、「コーヒー豆の選び方」というテーマからは外れて見えます。**ダメではないけれど、優先度は低い。別の記事として書くべきではないか。**そう判断できそうです。

こんな感じで「拡散モード↓収束モード」の順で考えてみると、不要な見出しが浮き彫りになってきます。それも含めて流れを整えていきましょう。余った項目はネタ帳にストックしておくと、今後のテーマ検討で役立ちます。

④ 全体の流れを3回リピートする

最後に、できた構成を確認します。ここまでくると「構成はかたまったから書き始めよう！」と気持ちがはやるかもしれませんが、ちょっと待ってください。**できた構成は最低でも「3回」、頭のなかで流れを思い描いて違和感がないかどうか確認しましょう。**「これは最初にもってきたほうがいいな」「ここところは統合しよう」といったことに気づくかもしれません（そしていざ書き始めると、再びなにか気づきがあると思いますが）。

これで「コンパス片手に冒険できる構成」の完成です。**ここからは思いつくままに書き進めてみてください。**アドリブ、行き当たりばったりで構いません。自由に書いたとしても、見出しがアンカー（錨《いかり》）の役割を担ってくれるので、大きく道を外れることはないはずです。

一方で「もっと構成をかためてから書きたい」という人は、見出し内の流れをより精緻《せいち》に決めたうえで書き進めてみましょう。さきほど紹介した「序破急」「起承転結」「PREP法」を用いてみてもいいと思います。

編集者が大切にする「キャッチーな構成」4つのコツ

SNS、note、ブログ、オウンドメディア、書籍など「たくさんの人に読んでもらいたい」というときは、次の4つを押さえて構成をつくるだけでもキャッチーな印象になります。

①導入はとことん短く

背景や外部環境などの周辺情報は最低限におさえ、早めに本題に入りましょう。前置きを設ける場合でも、いきなり小難しい話から入らず、やさしい話題を選んだほうが読みやすくなります。

2 「つかみ」にこだわる

やっぱり「つかみ」は大切です。「この文章、もっと読みたいな」と思ってもらうには、映画の予告編のようにおもしろい部分を先出ししたり、ドキッとする書き出しで始めたり、なんらかの工夫を凝らすべきです。あとは「本記事の要約」のように読みどころを最初に提示するのもいいですね。

ぼくもコンテンツをつくるとき、たとえば「3つの方法」がテーマなら、3つのなかでも一番キャッチーなものを最初にもってきます。ビジネス書で順不同の章立てだったら、一番刺さりそうな章を前にもってくることが多いです。

できるだけ前に、おもしろい情報を集める。出し惜しみしない。これを意識すると、中盤以降の内容に対して「このままだとつまらないから別の切り口にしよう」とか「思いきって削除しようか」となるかもしれません。

3 見出しの数を多くする

見出しは**「給水地点」**のようなもの。そこで水を飲むかどうかは読者次第ですが、主催者としては給水所を設置して「次の区間はこういう道ですよ」と案内してあげたほうが親切ですよね。

見出しが少ないと、読者は「どこで気持ちを切り替えればいいんだろう」「休憩なしで読みきれるかな」と不安になります。「いやいや、これくらいの長さは付いてこられないとダメだよ」というスタンスをあえて選ぶならいいのですが、より多くの人に届けたいのであれば、見出しはちゃんと置いておくべきです。

目安となる見出しの頻度は、**ウェブ記事なら、スマートフォンの画面スクロールで1〜2画面に1個、文字数だと約400〜800文字です**（改行や空行が多いともっと少ない文字数で1スクロールするので、スクロールと文字数、どちらを基準にしても大丈夫です)。

テキストベースの資料やレポートなら、A4の横書きで1ページに最低2、3個はほしいところです。

難しい場合でも、大見出しのなかに小見出しを入れたり、箇条書きを入れたりして、少しでも見た目をよくする工夫(96ページ)が大事です。

ちなみに見出しの表現は、タイトルと同じ考え方でいいと思います(詳しくは326ページをご覧ください)。

4 「接点」をたくさんつくる

ヒットする本にはどんな共通点があるのか？

ぼくもずっと考え続けているのですが、答えのひとつは**「接点の多さ」**にあると思っています。

たとえば、この講義は「ビジネスパーソン向け」を想定しているのですが、実際にはビジネスパーソン以外でも文章力を上げたい人はたくさんいます。学生、主婦・主夫、学者、ライター、仕事をリタイアした人――。年齢や職業を問わないテーマです。

それに、ひとくちにビジネスパーソンといっても、「メール経由のアポ獲得率を高めたい営業担当者」もいれば、「社内アンケートの回答率を上げたい人事担当者」もいるかもしれません。

つまり、文章をうまく書けるようになりたいという目的は同じでも、その背景は人それぞれに異なるわけです。

そう考えると、**一冊のなかで「それ、わかる！」と共感してもらえる接点をいかに多く設けられるかがポイント**といえそうです。

具体的には、**構成の段階で「ターゲットとシーンの多様性」を意識します。**

たとえば見出しレベルで「ここはリーダー向けに」「ここはメールを書くときの悩みに」と、全体テーマから外れない範囲で刺さるポイントを散らしていく。

もしくは、本文中で「たとえば〇〇の立場であれば、こういう方法も考えられます」みたいに、「たとえば」を用いながらいろんな視点を織り込んでいく。

大切なのは、**独自性と共感の両立**です。

掘り下げる過程では、自身の経験や業界の話に固執せず、「この部分なら違う立場の人にも参考になるはず」という接点を意識して書いていく。独自性を生かして設定したテーマはぶらさずに、いろんな人が「自分にも当てはまる！」「このたとえ話、イメージしやすい！」と思える部分を増やしていく。これが、多くの人に読んでもらえるコンテンツをつくるヒントだと考えています。

スキル 4

正しく書く技術

日本語として正しく、誤字脱字をなくす！

いよいよ第2部の最後、4つめのスキルです。

これまで紹介した「ムダを削る」「見やすくする」「構成をつくる」技術と比較すると、今回の「正しく書く」技術は、技術と言いつつその大半は知識であり、覚えているかどうかがカギを握ります。

したがってシーンを選ばず、センスも不要。結婚記念日やパートナーの誕生日のように、忘れかけたとしても文字列として見れば思い出せるものです。そう。1回覚えれば誤用しそうなときにストップをかけられる……はずです。

ついつい使いがちな「二重表現」16選

久しぶりのクイズです。次の文章、なにが間違っているでしょうか？

> ということは、私が一番最初にやるべきなのは、グランフロント大阪の貸会議室の事前予約ですかね。

答え：**「一番最初」も「事前予約」も二重表現です。**

「一番」と「最」は意味が重複しています。事前予約も同じ。事後予約という日本語がないように、予約は事前にするものです。

次ページには、こういった間違えがちな二重表現を16個まとめてみました。

間違いがちな「二重表現」16選

1

誤 その方法が**一番ベスト**ですね。

正 その方法がベストですね。／その方法が一番良いですね。

↓「一番最初」や「一番最後」と同様、意味が重複しています。

2

誤 **各**チーム**ごと**に対応してください。

正 チームごとに対応してください。／各チームで対応してください。

↓「各」と「ごと」は同じ意味です。

3

誤 **あとで後悔**しないように頑張ろう！

正 後悔しないように頑張ろう！

↓「後悔」はあとから（事後に）するものですよね。

4

誤 その意見には、**違和感を感じます。**

正 その意見には、違和感を覚えます。

↓「◯◯感を感じる」は重複表現です。「親近感」や「特別感」なども同じ。

5

誤 **あらかじめ準備**しましょう。

正 準備しましょう。

↓準備はあらかじめするもの。「あらかじめ」を使うときは、後ろに付く言葉を意識しましょう。

6

誤 すみません、**頭痛が痛い**です。

正 すみません、頭が痛いです。

↓二重表現の代表例。知っている人も多いかもしれませんね。

7

誤 **危険なリスク**が高まっている。

正 リスクが高まっている。／危険性が高まっている。

↓「危険」と「リスク」で意味が重複しています。

8

誤 **内定が決まりました！**

正 内定をもらいました！／内定が出ました！

↓内定は「正式の発表・手続きの前に、内々には決まっていること」を意味するので、「内定が決まる」だと「決定が決まる」のようになってしまいます。

9

誤 **製造メーカー**に問い合わせます。

正 メーカーに問い合わせます。

↓メーカーは「製造者、製造業者」の

意味なので、製造メーカーは重複表現です。

10

誤 **約**10人**ほど**集まりました。
正 約10人集まりました。／10人ほど集まりました。
↓同じ意味なので、どちらかに絞りましょう。「だいたい、くらい、およそ、ほぼ」も同様です。

11

誤 先日、**過半数を超えました。**
正 先日、過半数を占めました。／先日、半数を超えました。
↓これも代表的な二重表現ですね。

12

誤 **まだ未定**です。
正 未定です。
↓文字で見てもスルーしてしまいがちなので注意

13

誤 **第**2回**目**は来週開催します。
正 第2回は来週開催します。／2回目は来週開催します。
↓「第」と「目」は同じ意味です。

14

誤 署名が**必ず必要**です。
正 署名が必要です。
↓強調したいなら「必須」「絶対必要」「マスト」などを使いましょう。

15

誤 **お体をご自愛**ください。
正 ご自愛ください。
↓「自愛」は「体の健康状態に気をつける」という意味なので、「お体ご自愛ください」だと「体」が重複します。

16

誤 この書類、**郵送で送って**ください。
正 この書類、郵送してください。／この書類、郵便で送ってください。
↓これも「送」がダブっているので違和感がありますね。

【メモ】

二重表現といっても絶対NGではないと思っています。たとえば村上春樹さんの『若い読者のための短編小説案内』には、「まずはじめに」というチャプターがあります。通常なら「はじめに」なのでしょうし、厳密には二重表現なので編集者や校閲者は指摘したのではないかと想像します。ただ、これはこれで味が出ている気もしますよね。「言葉の響きや口語的なニュアンスを優先して、二重表現でもあえて使う」という選択肢もあるのではないでしょうか。

仕事でもSNSでもよく見かける「間違えやすい日本語」

ぼくはこれまでの人生で2、3回くらい、日本語の誤用を見つけて指摘し、「よく知ってますね」と感心されたことがあります。

ぼくの国語の成績といえば、中学・高校ともに2か3がせいぜいで、本来ならば人並み以下の国語力しか持ち合わせていないはず。でもさすがに編集者を10年以上やっているので、それなりに正しい知識が身についてきたようです。

といっても日本語について自ら進んで調べたことってほとんどありません。

じゃあどうやって覚えてきたかというと、ひとえに校閲者、校正者のみなさんの指摘にほかなりません。２００冊以上の本づくりで、星の数ほどの間違いを指摘され、そのたびに新しい学びがありました。

校閲という仕事の奥深さは『校閲記者の目』という本に詳しく書かれているのですが、そこにこんな記述があります。

私たちは紙面を守る「ゴールキーパー」とも言えます。誤りを見逃す＝失点しても、自ら点を取りに行って挽回するようなことはできません。けれど、0点に抑えることはできる、負けない試合をすることはできるのです。これこそ校閲の存在意義です。

ということで、間違えやすい日本語を見ていきましょう。

年齢を重ねると、言葉の間違いを注意してくれる人は少なくなるもの。

さらっとでもいいので、ご自身の知識をチェックしてみてください。

どっちがどっち？　間違えやすい日本語15選

1「押さえる」と「抑える」

「抑える」は主に内面からの感情や欲求を制御する場合に、「押さえる」は外からの力で制御する場合に使います。よりシンプルにいうなら、**「抑える」は消極的なイメージ、「押さえる」は積極的なイメージ**。とくに見かける間違いは「日程を抑える」です（正しくは「押さえる」）。

例：

- ポイントを押さえる（NG：ポイントを抑える）
- 出費を抑える（NG：出費を押さえる）

2「固定概念」→「固定観念」

「固定概念」という言葉は正式な日本語として存在しません。

3「シュミレーション」→「シミュレーション」

これもよく見かける間違い。英語のスペル「simulation」を頭に浮かべると、間違いを防ぎやすいかもしれません。

4「予測」と「予想」

「予測」は過去のデータや傾向など根拠に基づいて推測すること、「予想」は根拠に基づかず推測することです。

5「超える」と「越える」

「超える」は「ある一定の数値やレベルを上回る」とき、「越える」は「場所・時間・点などを過ぎて向こうへ行く」ときに使います。また、「勝ち越す」「乗り越える」などほかの動詞と複合する場合は「越」になります。

6「決済」と「決裁」

「決済」はお金に関する手続きを指す一方で、「決裁」は上司などが書類や案件を承認する行為を表します。書類にハンコを押す場合でも、**お金の精算**なら「決済書」、**承認手続き**なら「決裁書」というように使い分けが必要です。

7「訂正」と「修正」

「訂正」は間違いを正すこと、「修正」は改善や変更を加えることです。

8「つまづく」→「つまずく」

これはけっこう迷いどころですよね。日本語って難しい……。

9「深堀り」→「深掘り」

最初に指摘されたとき、どこが間違っているのかわかりませんでした。

10「にも関わらず」→「にもかかわらず」／「にも拘らず」

「に関係なく」のときは「に関わらず」でもOKです。

11「的を得る」→「的を射る」

会話だと気づきづらいですけど、こうして文字で見ると違和感がありますよね。

12「伺う」と「窺う」

同じ「うかがう」という読みですが、意味と使い方が異なります。「窺う」は「観察する・見計らう」という意味で、敬意の要素はありません。ときには「隠れて見る」というニュアンスを含むこともあります。一方、「伺う」は「敬意を持って聞く・訪ねる」という意味で、常に敬意を含むのが特徴です。

13「効く」と「利く」

「効く」は、**薬や方法などが効果を発揮する**という意味で用いられます。一方で「利く」は、**五感や器官、能力などが十分に働く**ことを指します。

例：

- この薬はよく効く／そのアドバイスはすごく効いた。
- 耳が利く（＝聴力が良い）／気が利く（＝相手が望むことを先回りして行動できる）

14「趣旨」と「主旨」

「趣旨」は「なんのためにやるのか」、「主旨」は「なにを伝えたいのか」の違いです。

例：

- イベントの趣旨を理解していただき、ご協力をお願いします。
- 彼の演説の主旨は、環境保護の重要性を訴えることだった。

15「なおざり」と「おざなり」

「なおざり」は「放置すること」、「おざなり」は「いい加減な対応をすること」です。うーん、ややこしい！

例：

- 勉強をなおざりにしたため、テストの成績が下がってしまった。
- 彼は仕事をおざなりにしているので、ミスが多い。

「誤字脱字ゼロの人」が意識しているポイントとは？

出版社の編集者にとって、寿命が縮む瞬間があります。

誤植が見つかったときです。

ぎゅっと心臓が収縮する気配がして、頭が真っ白になったあと、ものすごい勢いで不安と後悔が込み上げてくる。なんでこんな間違いをしたのか、著者になんて言おうか、お詫びや訂正のお知らせをすべきか、回収が必要なレベルか、会社からなんて言われるか……ああああ、なんでもっとしっかりチェックしておかなかったんだ！

ぼくは編集者にあるまじき不注意な人間でして、書籍の誤植だけでなく、メールや企画書など文字まわりの失敗を数え切れないほどしてきました。

ただその分というべきか、どんなときにミスを出しやすいのか、どうすれば減らせるのかについては、あれこれ考えて対策を打ち続けています。

そこでここからは「正しく書く技術」の最後として、**誤字脱字を減らす方法**について考えていきます。

世にも恐ろしい誤植

歴史上、もっとも有名な誤植は、1631年にイギリスで印刷された「姦淫聖書(The Wicked Bible)」といわれています。

モーセの十戒の第七条「汝姦淫《なんじ》するなかれ(Thou shalt not commit adultery)」の「なかれ(not)」が抜け落ちて「汝姦淫すべし」となってしまった。つまり、**神が人々に姦淫を勧める聖書になってしまった。**

想像するだけで冷や汗が出てくる誤植ですよね。この聖書はすべて焼き捨てるように命じられたものの、絶滅させることはできず、これまでに6冊見つかっているそうです。

かつては聖書に誤植があったら死刑で、実際に誤植を出して死刑になった人もいたみたいです。ぼくがその時代に生まれていたら間違いなくいまの仕事は選んでいません。

どんな時代でも、どんな国でも、誤植は厳禁とされているため、書き手と編集者は繰り返しチェックするだけでなく、校閲者や校正者が誤字脱字、文法、事実関係、一貫性、リンク・参照元などを確認します。なかでも出版物は、複数のプロによる地道な努力によって支えられているといえるでしょう。

芥川龍之介は新しい作品集を出すたびに、「校正の神様」といわれていた神代種《こうじろたね》亮《すけ》を指名して校閲を任せていたそうです。それだけ誤植にシビアだったんですね。

とくに注意したい「誤字脱字の3パターン」

では、どんな場面で誤字脱字が起きやすいのか？
大きく3パターンに分かれます。

① タイプミス

- **誤字**：「初めて」を「始めて」と書く、「井手さん」を「井出さん」と書く
- **脱字**：「ご覧ください」を「ご覧ださい」と書く、「コミュニケーション」を「コミニケーション」と書く
- **衍字《えんじ》**（余分な文字が入ってしまう誤り／「脱字」の反対）：「お願いします」を「お願いいしまます」と書く、「宇宙飛行士」を「宇宙の飛行士」と書く

- **助詞の誤り**：「は」と「が」、「に」と「で」などの間違い

② 数字、データの間違い

- **単位、日付の誤り**：「５００万円」とすべきところを「５０００万円」と書く、「3月31日」とすべきところを「3月13日」と書く
- **引用元との齟齬《そご》**：引用元は「３２００人」なのに、本文では「３３００人」となっている
- **データの誤り**：グラフの軸に誤ったデータを書いてしまう（たとえば「収入」の代わりに「支出」のデータを使用している）

③ デザインの間違い（誤字脱字ではないが、注意したい）

- **先祖返り**：修正したはずのデータがなんらかの原因で元に戻っている
- **同じものが入っている**：同じ図表やデータがページを挟んで入っている

● フォント、文字サイズの不統一：途中からフォントや文字サイズ（級数）が異なっている

とくに経験したことがある人が多いのが「１タイプミス」、とりわけ**「人名」**ではないでしょうか。

坂上田村麻呂や山片蟠桃《やまがたばんとう》のように長かったり難しかったりする名前の場合、自然と意識が向くので案外ミスしにくいもの。間違えがちなのは**「同音異字の名前」**です。

たとえば、ぼくの名前（庄子錬）だと、「庄司」や「圧子」と書かれたことは１万回くらいありますし、ときには「庄司 練」と姓も名も間違えられることも。あまりに間違えられすぎて気にならなくなりましたけど、むっとする人はいます。

経験上、**名前の「真ん中」または「最後」の漢字はミスしやすい**ので注意しましょう。

「旧字」にも意識を向けたいところです。

たとえば、「渡邊／渡邉」「齋藤／齊藤」「髙橋」など。第三者にとっては些細な違いに思えるかもしれませんが、正確に書けていないと印象悪化につながりかねません。安全に対処するには、1文字ずつ手打ちするよりもコピペするのがいいと思います。

あと、**「会社名」「部署名」「役職（肩書き）」**も慎重に確認しましょう。

とくに役職は社内外問わず、「課長」を「課長代理」、「常務取締役」を「取締役」などと書いたりすると、間違えられた側はけっこうイラッとするものです。「そんなのどうでもいいよ」と口では言っていても、内心では意外と気にしているので真に受けてはいけません。こういう些細なところからぼくたちの印象は左右されるものです。

複数人宛ての場合は、役職が高い順に記載するのがビジネスマナーです。これも不正確だと「常識がない人なのかな」と思われる可能性があります。

ちなみに、「社長様」「部長殿」みたいな「役職名＋敬称」をときどき見かけますが、二重敬語なのでＮＧです。

名前や役職を間違えると、信頼関係にヒビが入りかねません。何度も見直すようにしましょう。ぼくは間違えて痛い目を見たことがあります。

誤字脱字を減らす4つのヒント

誤字脱字を完全にゼロにすることは難しくても、減らす方法はあります。

1 時間を置いて読み直す

1回書いた文章を少し寝かせて読み直す。**理想は、一晩置くこと。**脳がリセットされた状態で読み返すと、誤字脱字はもちろん、構成の矛盾に気づけたり、より魅力的な表現を思いついたりします。

2 「目」ではなく「音」で読む

とはいえ、メールやチャットなど時間を空ける余裕がないときも多々あるはず。そんなときは**目で読むのではなく、1文字ずつ音読するのがおすすめ。**音読といっても声に出す必要はありません。心の中で読めばＯＫです。

このとき、脳は読むこと（音で追いかけること）で精一杯なので、前で紹介したような漢字の間違いはスルーしがち。**「音読したあとに、もう一度最初から漢字だけをチェックする」**という二段階に分けるのもおすすめです。

3 印刷して確認する

パソコンやスマホの画面で見るよりも、紙で確認したほうが誤字脱字を見つけやすくなります。

作業療法士の菅原洋平さんの著書『努力に頼らず「要領がいい人」になる40のコツ』によると、この理由は、ディスプレイよりも印刷物を見たときのほうが、情報の整理や判断を担う「前頭前皮質」が活発に働くためだそうです。

ひと手間かかりますが、**大事な企画書やプレゼン資料は印刷してチェックする**のがおすすめです。

④「2つの視点」でチェックする

資料やレポートなどの場合、1回のチェックですべてのミスを拾うのは難しいものです。

「小さな視点」と「大きな視点」を切り替えて、最低2回は読み返すようにしましょう。

【小さな視点】頭から順番に読んでいき、誤字脱字がないかをチェックする
【大きな視点】フォントや文字サイズ、図表、レイアウトなどに問題がないかをチェックする

たとえば書籍の校正の場合、「小さな視点」で個別の文章を校正してから、「大きな視点」で柱（余白に配置される章や節）をチェックしたり、目次と本文の突き合

わせをしたりします。

この2つの視点をごっちゃにして校正すると、右手でご飯を食べながら左手でスマホをいじるようなもので、どちらかまたは両方とも「本来やるべきこと」が達成できなくなります。ご飯は箸からこぼれおち、左手の親指は巧妙に配置された広告をタップする

この2つの視点は、明確に使い分けることが大切です。

最後に。**誤字脱字は、人によってクセがあります。**

たとえばぼくの場合、人の名前はタイプミスしづらいのですが、脱字や衍字、助詞の間違いはしょっちゅうあります。気をつけているのですが、やっぱり完全になくすことはできないんですよね。

自分の「誤字脱字傾向」を把握しておく。クセを知っておけば、書くときも自然と意識が向きますし、見返すときも注視できます。

10秒で印象がよくなる書き方のコツ　まとめ1

●ムダな言葉を削る（P60〜）

無意識に使いがちな「ムダ言葉」を削りましょう。削ったあとは順番を変えて配置すると、より読みやすくなります。

●箇条書きを工夫する（P104〜）

「区切り線」「ガバニング」「番号」を意識した箇条書きにすると、文章の第一印象がよくなります。

●メリハリのある、やわらかい印象を出す（P110〜）

「かっこ」でくくったり、太字を入れたりすると、視覚的なリズムを変えてメリハリが出ます。文章がかたい（冷たい）と感じる人は、「ひらがな7割、漢字3割」を目安にしてみるのもおすすめ。

●導入は短く、「つかみ」にこだわる（P140〜）

前置きはコンパクトにまとめ、全体を眺めて、キャッチーな内容は前にもってくるようにしましょう。

●シンプルな間違いをなくす（P146〜）

人名（とくに同音異字、旧字）、役職（肩書き）は間違えないよう慎重にチェックしましょう。誤字脱字は「自分のクセ」を知っておくと、確認時間を短くできます。

第3部

「なぜか印象のいい人」が無意識に書いていること

人柄とは「やる気」「頑張り」である

おつかれさまでした。第2部のスキル編、いかがでしたか？細かいものも含めれば、けっこう数がありましたよね。1回ですべてを覚えるのは難しいと思いますので、ぜひ後日にでも復習してください。

さて第3部で取り扱うのは**「人柄」**。文章に「信頼性」と「親しみやすさ」を与え、読み手と良好な関係を構築するための要素です。

第1部で**「人柄とは、動機づけ（やる気や頑張り）である」**と定義しました。文章においてもやる気や頑張りを表現できれば、好印象につながるという話です。

ただし、こうも書きました。

「やる気」や「頑張り」を示すことが大事だとはわかったけど、その温度感がわからない。シンプルに表現するのも軽薄に映りそうだし（自分のキャラとは違うし）、かといって消極的な姿勢を見せるわけにはいかない——。そんな難しさを感じた人も多いでしょう。

一生懸命書いているのに気持ちが伝わらない。相手を思って書いたのに「冷たい」と言われる。誠実に説明したつもりなのに「まわりくどい」と指摘される。厳しいことを伝えたいけど言葉が出てこない——。

そんなときに、**どんな塩梅で表現していけば印象よく伝わるのか。**その方法を考えていきます。

「印象がいい」とはなんなのか？

はじめに、ここまでなにげなく使ってきた「印象がいい」の解像度を上げていきましょう。

いったい、印象がいいとはなんなのでしょうか。

まず質問です。あなたが「印象をよくしよう」と思い立った場合、なにからとりかかりますか？

真っ先に挙がりそうなのは見た目でしょうか。髪型を整える、シャツにアイロンをかける、爪を短くするなど。

あるいは「相手の話を聞いて、たくさんほめる」といった傾聴や話し方に関する工夫が思い浮かんだ人もいるかもしれません。

ほかにも、ていねいな所作を意識する、気配りをする、知識や教養を身につけるなども挙がりそうです。印象をよくしようとしたときに出てくるポイントはたくさんあることがわかりますね。

でも残念なことに、これらすべてを漏れなく実行しても、印象がいい人になれるとは限りません。

印象のよさを評価するのは、自分ではなく他者だからです。

当たり前ですね。「私は印象がいい人間である！」といくら公言したとしても（そんな人いないでしょうけど）、「なんかうざい」「信用できないな」と感じる人がいたら、少なくともその人にとっては印象が悪いとみなされる。これが印象の良し悪しを考えるときに忘れてはいけない前提です。

そして、ここである問題に気づきます。

印象のよさを評価するのが他者だとすると、ぼくたちは他者の目を気にするようになります。相手を傷つけていないか？　自分の意見を押しつけすぎていないか？　食事のマナーを守れているか？　髪型が乱れていないか？　声が大きすぎないか？

寝ても覚めても他者の目を意識せざるをえない。大げさではなく、そういう人もたくさんいると思います。

しかし他者の目を意識しすぎると、「私って周囲から見ていい感じになっているだろうか」というキョロキョロ感が強く出てしまう。自信がなくて、他人の評価に敏感で、自身を卑下《ひげ》しているように見える。都合がよさそうな人間に見えてしまう。

このようにキョロキョロ感は、過度に働くとネガティブな結果をもたらしかねないものです。

印象のよさを評価するのは他者である。でも他者を気にしすぎると、印象は悪くなる。印象について考えるうえでは、このダブルバインド（逃げ場のないジレンマ）を把握しておくことからスタートしなければなりません。

「キョロキョロ」は学びを加速させる

2013年頃、ネット界隈では、常に周囲の目を気にしてキョロキョロしている人のことを「キョロ充」と呼んでいました。その極端な例として、一人での食事を隠すためにトイレで弁当を食べる大学生の姿がメディアやSNSで話題になっていました（さらにその前には「便所飯」という言葉も流行ってましたね）。

当時、キョロ充は「自信がなくて一人で行動できない人」と揶揄《やゆ》する文脈で主に使われていました。

ですが近年では「他者の目を気にせず、好きなように生きればいい」というスタンスが主流になった気がします。「キョロキョロしちゃう気持ちはわかるけど、あなたはあなたのままでいいんだよ」と表面的には寄り添うことで、露骨に嘲笑する対象ではなくなったということです。

とはいえ、いまでもどちらかといえばネガティブな文脈で語られ、「改善すべき対象」としてみなされていることには変わりありません。

でも、考えてみてください。本当にキョロキョロは不必要なものなのでしょうか。周りの目を気にするって悪いことなのでしょうか？

答えはノーではないか。

いやむしろ、**キョロキョロこそが、仕事でも人間関係でも、そして「感じのいい文章を書く」うえでも大事なんじゃないか。**

これがぼくの見解です。

ぼくの見解なんて偉そうに言いましたが、これは内田樹《たつる》さんの著書『日本辺境論』からの受け売りです。

この本では、歴史文化的に見ても日本人はキョロキョロしてしまう生き物である、そして日本人（辺境人）は「起源からの遅れ」という構造特性があるからこそ学びの効率がいい、という文明論的洞察が説かれています。

すごくコンパクトにまとめると、**キョロキョロは学びを加速させる、**ということです。

大切なことなので、もう一度言います。

キョロキョロは学びを加速させる。

これには同意していただけるのではないでしょうか。

いわば「キョロキョロ力（周囲を観察する力や、素直な謙虚さ）」があると、技芸を習得したり、人間関係を構築したり、トラブルを回避したりするのに大いに役立ちます。

みなさんも振り返ってみてください。キョロキョロしながら「この人はこうやっているんだ」「こうやったら失敗するんだな」と学びを得た経験は、数えきれないほどあるのではないでしょうか。

とはいえさきほどお伝えしたように、キョロキョロは過剰に働くと「自信がなさそうに映る」とか「先陣を切って行動できない」といったネガティブな結果をもたらすこともあるのは事実。一長一短であることは否めません。

ただそれでも、負の側面だけにフォーカスするのは本質をとらえていませんし、もったいない解釈だと思いませんか。

ここで共有したいのは次の仮説です。

キョロキョロは忌み嫌うものではなく、むしろ学びを加速するのに有効である。そして、日本人全般に当てはまる特性と仮定するなら、**キョロキョロ感を意識的にかもし出すことで、「やる気」や「頑張り」が伝わり、相手はあなたに好印象を抱くのではないか。**

これはみなさんも容易に想像できると思います。

たとえば、こんな文章。

- すみません、こういう理解で合っていますでしょうか……。
- ありがとう。君にそう言ってもらえて安心した。

こういうメッセージが送られてきたら、上司だろうと部下だろうと、静かな親近感を抱いてしまわないでしょうか。少なくとも悪い人には見えないはずです。

多少の不安がにじみ出ていたほうが応援したくなる。守ってあげたくなる。

それが人の自然な感情です。そしてこの感情を立ち上げさせるのに有効なのがキョロキョロなんです。

自分の学びの促進にも、敵をつくらないコミュニケーションにも役立つ。

キョロキョロって、すごく大事な技術なんです。

「キョロキョロ感」を出すときの基本的な考え方

では、このキョロキョロ感を文章でどう表現すればいいのか。具体的な話の前に、キョロキョロについてもう少し考えを深めていきましょう。

さきほど確認したように、キョロキョロはどちらかというと、これまでネガティブな意味合いで使われてきましたし、いまも使われています。残念なことに。でもとらえ方を変えると、こう表現できると思うんです。

キョロキョロ ＝ 自分以外のことを気にかけている証

新入社員の頃を思い出してください。上司や先輩に「この理解で合ってますか?」と確認するシーンが多々あったはずですが、それは単に自信がないからだけじゃないですよね。正しい知識を身につけたい。相手の時間をムダにしたくない。自分ひとりで仕事を進められるようになりたい。そういう気持ちもあるから確認するわけです。つまりキョロキョロは、「不安の表れ」ではなく**「他者や仕事への真摯な態度」**とも言い換えられます。

書くときなら「この言い方、どう伝わるかな?」「もっといい表現ないかな」と考えながら書く。期待どおりに伝わらなかったとしても、表現を変えたりしてなんとか伝えようとする。そうやって少しずつ少しずつ自分の文章の幅を広げて「こういう人(場面)だと、こう書けばいいのか」と経験を蓄積していく。そしてそういう姿勢や、適応、成長した痕跡が文章の端々に表れた結果として、相手は「この人、印象がいいいな」と感じる。こういうプロセスだと思うんです。

つまり意識的にせよ無意識にせよ、**印象がいいと思われている人って、キョロキョロの数を増やすのと同時に、キョロキョロからの自己成長をうまくアピールしている。**そんなふうに言えるのではないでしょうか。

ただ、じゃあとにかくキョロキョロすればいいかというと、もちろんそんなことはなくて。相手との関係性、シチュエーション、テーマなどによって、適切なキョロキョロ度合いも変わってきます。マニュアルどおりにやろうとすると、かえって不自然になってしまい、悪い印象を与えることもあります。

そういう意味で大事なのは、まずは3つの基本を意識することです。

使う相手を選ぶ

初めて話す人なのか、日常的にやりとりしている人なのか。自分と似たタイプの人か、それとも感性がまったく違いそうな人なのか。そうしたことによって柔軟に調整する。

場面によって強弱をつける

大切な提案のときと日常的な報告のときでは、キョロキョロ度合いを変える。

言いたいことはちゃんと言う

相手の反応を気にしすぎて、伝えたいことがぼやけてしまうのは本末転倒。

ビジネスコミュニケーションの基礎中の基礎ですけど、やっぱりこの3つは大切だと思います。

では、これらの考え方をどう文章に反映すればいいのか。キョロキョロ感を適度に出すための具体的なテクニックを見ていきましょう。

「キョロキョロ感」を適度に出す4つのコツ

キョロキョロ感を文章上でうまく機能させるにはコツがあります。

① 謙虚さと自信のバランスをとる

まず代表例として挙げられるのが「専門外ではありますが」「見当違いかもしれませんが」といった謙遜表現です。

ただ繰り返しになりますが、過度なキョロキョロは自信がなさそうに映ってしまうので、**使いすぎは逆効果**。

また、「全然わからないのですが」「素人の私には無理だと思いますが」といった完全自己否定の表現は、とくにビジネスシーンでは避けるべきです。謙遜が強すぎて逆にネガティブな印象を与えてしまいます。

あと逆に、実績や経験が十分にあるシーンで「素人の考えではありますが」などと謙遜しすぎると、かえって不誠実な印象を与えてしまうことにも注意したいところです。

謙虚さと自信のバランスをとるには、自分なりの主張や見解も提示するのがポイントです。

変更前

素人の考えで恐縮なのですが、この案件の進め方について意見を述べさせていただきます。的外れかもしれませんが、現状の課題は武藤さんチームの人員不足にあるかもしれません。余計なことを言っていたら申し訳ありません。まだ経験は浅いですが、ご参考までに……。

変更後

この案件の課題は武藤さんチームの人員不足にあるように思います。見当違いだったら申し訳ありませんが、類似案件での経験から考えると、千葉さんチームの力を一時的に借りることで改善できる可能性があるのではないでしょうか。ご意見いただけますと幸いです。

謙虚さと自信のバランスをとる方法を次ページにまとめてみました。これらの表現は、「完全な自己否定」でも「過度な自信」でもない、バランスのとれたキョロキョロ感を出すときに役立ちます。

ポイントは**「客観↓主観／主観↓客観」の流れにすること。**「客観×客観」だと主張があいまいになり、「主観×主観」だと説得力に欠けてしまうので、客観と主観を織り交ぜるのがおすすめです。

謙虚さと自信のバランスをとる 4つのコツ

1 複数の選択肢を提示しつつ推奨する

- A案とB案が考えられますが、私としてはA案を推奨させていただきます。
- いくつかの方向性がある中で、特に○○が有効ではないかと考えています。

2 限定的な自信を示す

- この点については自信を持っておすすめできます。
- 少なくともこの部分については、確実な効果が見込めます。

3 相手の視点を取り入れつつ提案する

- ご懸念の点も踏まえた上で、△△という方法はいかがでしょうか。
- ご指摘の課題に対して、一つの解決策として○○を提案させていただきます。

4 データや事実を伝える

- 調査結果を見る限り、この方向性が適していると考えられます。
- 市場の動向から判断すると、○○が最適かと思います。

②「文末表現」を使い分ける

キョロキョロ感を出すには「かもしれません」「と思います」「でしょうか」も有効です。ただ、こちらも多用厳禁。**何回も連続して使うのは避けましょう。**

変更前

先日、総務部の神野さんから経費精算の方法を教えていただいたのですが、初めて使うソフトなので、きちんと提出できるか不安なところも多いように思います。私は機械音痴なので、一人でできるようになるまでには時間がかかるかもしれません。もし何かあったときは、アドバイスをいただけますでしょうか。

変更後

先日、総務部の神野さんから経費精算の方法を教えていただきました。初めて使うソフトなのでわからないこともあるかもしれません。その際は恐れ入りますが、アドバイスをいただけますでしょうか。

どうでしょう。けっこう短くなりましたよね。

変更後 では、まず1文目を事実ベースにまとめ、自己否定的な表現（「不安が多い」「機械音痴」「時間がかかる」）を避けました。

代わりに、相手にも影響しそうなことだけを「かもしれません」で示しています。あと依頼部分は余計な前置き（「もし〜」）を削除し、「恐れ入りますが」を加えて謙虚さを強調しました。

3 「…」を使う

「…」を使うことで、相手の反応をうかがいながら慎重に言葉を選んでいるような雰囲気を出すことができます。とくに、不安や不満を間接的に表現するときに使いやすいですよね。
とはいえ、同じメッセージのなかで何度も繰り返していると、かえって違和感や不信感を与えてしまいます。
余韻や思考の継続を示したい部分だけに使うのがいいと思います。

変更前

先日の企画案について、やはり気になる点がありまして…。もう少し競合調査が必要かと。ご相談させていただけますでしょうか…。

変更後

先日の企画案について、やはり気になる点がありまして…。競合調査の追加実施が必要と考えています。ご相談のお時間をいただけますでしょうか。

4 「質問」や「確認」の際に一言入れる

謙遜している印象を抱かせるため、「間違っていたらすみません」「的外れだったらごめんなさい」と表現することも有用です。ただ、やはり使いすぎると過剰な謙遜になりかねません。「はじめに」のショージくんのメール文がまさにそうですね。

必要以上の謝罪は避けて「この理解で合っていますか？」「確認させてください」などを織り交ぜるのがベターです。

変更前

私の認識が間違っていたらすみません。このプロジェクトの納期は今月末かと思いますが、いかがでしょうか。資料の提出スケジュールについても、的外れな質問だったら申し訳ないのですが、確認をお願いします。お忙しいなか本当にすみません！

変更後

お忙しいなかすみません！　プロジェクトの納期は今月末という認識でいますが、この理解で合っていますでしょうか。併せて資料の提出スケジュールについてもご教示いただけますと幸いです。

以上、４つのコツを見てきました。

総じて大事なのは、**あえてキョロキョロ感を見せつつも、核となる主張はしっかり伝える**こと。完全な自信満々でもなく、完全な遠慮でもない。やりすぎでもやらなすぎでもない。

もう少し具体的にいうなら、**主張・提案・相談など、相手からツッコミが入りそうな文章の「前後どちらか」、あるいは「前後両方」で、紹介した４つのコツを生かす**と、適度なキョロキョロ感を出しやすいと思います。

「キョロキョロ感」を適度に出す4つのコツ まとめ

1 謙虚さと自信のバランス

○ 客観と主観の組み合わせ
× 「素人の私には…」のような自己否定

2 文末表現の使い分け

○「〜かもしれません」
○「〜と思います」
× 何回も続ける

3 「…」の効果的な使用

○ 余韻を残す場合に限定
× 多すぎる

4 質問・確認時の一言

○「確認させてください」
○「この理解で合っていますか?」
× 過剰な謝罪、謙遜

ポイント 核となる主張はしっかり伝えること!

めざせ！　キョロキョロマスター

ここまで紹介したキョロキョロは、「不安がっている雰囲気を意識的に出すことで、やる気や頑張りをさりげなくアピールする」という手法でした。

この戦略的キョロキョロは、じつは2種類に分かれます。


1つは、**消極的キョロキョロ**。

たとえば道に迷ったときに、ガイドブックを片手に自信がなさそうに周りをキョロキョロし、助けてくれそうな人をちらっちらっと見る感じ。相手が気づかなさそうだったら「すみません……」と申し訳なさそうに声をかけるイメージです。

前項の「キョロキョロ感を適度に出す4つのコツ」の例文だと、1〜3が該当します。

もう1つは、**積極的キョロキョロ**。

道に迷ったときなら、「あれー、ここはどこなんだ!?」と口に出して、いかにも道に迷った雰囲気を出しながら、大袈裟にキョロキョロする感じ。周りの反応がなければ、「本当すみません!」と明るく話しかけるイメージです。前項の例文だと4が当てはまります。

キョロキョロ上級者は、相手やシーンに合わせてこの2つをうまく使い分けています。

たとえば、初めてやりとりする相手に対しては、消極的キョロキョロ純度100％で書く。相手がどんなテキストコミュニケーションでくるのかわからないから、まずはリスク対策も兼ねてていねいに接するわけですね。

そこから相手が「！」や絵文字をふつうに使う人だとわかったら、**積極的キョロキョロの濃度を濃くします。**依頼や相談をするときも「前半は記号を使ってやや口語的に、後半はていねいにまとめる」みたいな工夫をします。

ただ、なにかのきっかけで相手の機嫌を損ねてしまった。少なくとも相手の文面を見る限り、これまでのように「！」や絵文字が使われなくなった――。

そんなときはすぐさま純度100％の消極的キョロキョロに戻します。

あるいは、あえて積極的キョロキョロを貫いて「ちょっと天然の人」を演じることで話題の主導権を半ば強引にかっさらっていく。そんな人もいます。

このように戦略的キョロキョロは、**単に不安がればいいわけではなく、そのトーン（明るさ・暗さ）が大事**といえます。

難しく感じる人は「基本は消極的キョロキョロ、相手のノリがよさそうだったら積極的キョロキョロの比重を高める」という方針がおすすめです。

ぜひふだんの書くシーンで、キョロキョロを意識してみてください。

「印象がよくない文章」はなぜ生まれるのか？

ここまでどんどこ進んできたので、聞き疲れた人もいらっしゃるかもしれません。少しコーヒー休憩でも入れましょうか。

さて、「印象がよくなる文章」について引き続き考えていきましょう。

日本人はキョロキョロ傾向が強く、周囲の態度や感情にも敏感であるとするなら、文章においても「他者を気づかった『感じのいい文章』を書く力は高い」といえそうです。

たしかに「高い」のはそのとおりかもしれません。でも現実には、不快な文章を見かけることはありますよね。ぼくはいいかげんで鈍感な人間なのでスルーしてしまうことが多いのですが、それでも他人の文章にむっとしたり、傷ついたりすることはけっこうあります。

ではなぜ、印象がよくない文章が生まれてしまうのでしょうか。

考えられる理由の1つは**「あえて書いている」**。相手のことが嫌いだからなのか、怒りの感情を表したいのかはわかりませんが、なんにせよ、ていねいに書ける人が相手や場面を選んで印象の悪い文章を書くパターンです。

たとえば、いつもは使う「！」や絵文字を意図的に省いたり、攻撃的な言葉遣いを選んだり。「この相手（場面）ならぞんざいな文章でも構わない」という判断のもと、意識的にスタイルを変えるわけです。

ほかにも「あえて書いている」パターンには、**「難しく書いて権威づけをする」**もあります。一般には使われない難解な言葉や専門用語を使ったり、必要以上に長い説明を展開したりと、自分の知識をひけらかすことに熱心なのが特徴です。

印象がよくない文章が生まれる理由の2つめは**「悪気がない」**。

おそらく、これが大半なのではないでしょうか。

ビジネスシーンで多いものを挙げると、（根本的な文章力の欠如を除き）次の2つに集約されると思います。

1 「相手を傷つけたくない」と遠回しな表現になっている

気をつかってくれていることは感じるものの、オブラートに包まれすぎているため、読み手が意味を汲み取る時間をかけたり質問したりしなければならない。

2「自分は正しいことを言っているだけ」と思っている

>>> わかりやすいし正論ではあるものの、あまりにストレートすぎるので、読み手は傷ついたりイラッとしたりする。

1は過剰なキョロキョロ、**2**は過剰なストレートと、一見正反対のように見えますが、どちらも「相手のことを思って書いていないけれど、結果として印象がよくない文章になってしまっている」という点では同根です。

とくに**2**のような「正論」のストレートな表現は、**文章を書く機会が多い人や、自身の文章力や論理的思考力に自信のある人ほどやりがち**な気がしています。

皮肉なことですが、「自分が正しい」という自負が強いからこそ、相手への配慮を忘れてしまうのかもしれません。

なぜ、そうした問題が起きてしまうのか。

根本原因は、**伝えたいという思いが先走りすぎる**ことにあると思います。

「伝える」ことに熱心なあまり、「伝わる」ことへの意識が薄れていく——。ぼくたちはこの罠に陥りがちです。「伝えたいことは書いた。以上終了」という一方通行の姿勢になったり、ときに「私の話を聞きなさい」という押しつけがましさに変質してしまったりすることもあります。

ただ、いくら日本語として読みやすく、内容が理路整然としていても、この姿勢だと相手は不快に感じてしまうものです。

その意見に異論があるかもしれないし、そもそも忙しくて読む余裕がないかもしれない。いくら正論を言っていたとしても、相手がそれを受け入れる準備ができているとは限りません。だから「まずは私が伝えたいことを聞いて」という姿勢だと、距離を置かれてしまうこともあるわけです。

この課題を解決するためにはどうすべきでしょうか。

答えは明白。**伝えたい気持ちをコントロールする**のです。

これは「伝えたい気持ちを抑え込む」ということではありません。相手の立場に立って、どこまで伝えるべきか、どう伝えれば受け入れてもらえるかを考える。静かな喫茶店での会話のようなものです。伝えたいことに熱が入って、つい声が大きくなりそうになっても、周りの空気を読んで、相手に聞こえる程度の適度な音量を保つ。

そう。**「伝えたい気持ち」と「受け取る側の気持ち」の間でバランスをとり、ニュートラルな姿勢を意識する**ということです。

「なぜか感じのいい人」がメールの最後に書く一言

ただ……そうはいっても、「伝わるように書く」って難しいですよね。とくに反発を招きかねない正論や厳しい指摘を書くときは頭を悩ませます。

当たり前のことを書いたつもりなのに「キツい書き方だな……」と感じる人もいるし、相手を気づかった書き方をしても「もっとはっきり書かないとわからないよ」とイラッとする人もいる。たとえ同じ文章だったとしても、シーンや関係性によって印象は変わってきます。あらゆるコミュニケーションと同様、いつでも誰にでも同じように伝わる完璧な表現は存在しません。

それなら視点を変えて考えてみましょう。

「どう書くか」ではなく「書いたあとにどうフォローするか」を考えてみる。

正しいことや厳しい現実はきちんと伝えつつ、「締めくくり」を工夫するのです。

見逃されがちな「締めくくり」の存在

あなたは文章の締めくくりを意識したことはあるでしょうか。

ビジネス文章術では「結論は先に書きなさい」とよくいわれます。

一方で、締めくくり、すなわち文章の最後について「こうしなさい」と教わったことがある人は、ほぼいないのではないでしょうか。むしろ「気にしたことがない」という人がほとんどかもしれません。

そのせいか、メールでは「よろしくお願いいたします」、報告書やレポートでは「結論の繰り返し」という、万人の万人に対するテンプレートが使われ、ときには不要と言われる始末。

ビジネス書の市場を見ても、「書き出し（つかみ）」をテーマにした本はあるのに、「締めくくり」がテーマの本はない。「文章の締めくくり」って、軽視されがちなんです。

でも、考えてみてください。

締めくくりのあとに、読み手に訪れるものはなんでしょうか。

読後感です。

締めくくりは、書き手と読み手の最後のコミュニケーション。**「読後感は締めくくりで決まる」と言っても過言ではありません。**

あなたの文章を読んで、相手がなんの感想も抱かないのか、「そっけない人だな」と思うのか、あるいは「よし頑張ろう！」「真剣に考えなくちゃ」と思うのかは、締めくくり次第です。

コラムニストの小田嶋隆さんが「文章はフィギュアスケートのようなもので、途中がグダグダでも、着地（締めくくり）がきれいに決まれば、観衆（読み手）は拍手を送る」みたいなことを書いていますが、そういうことだと思います。

終わりよければすべてよし！　というのは言いすぎですが、**締めくくりを一考する価値は十分ある。**ぼくはそう考えています。

「プラスアルファ」するくらいが、ちょうどいい

「締めくくり」って、どんなことを書けばいいのでしょうか。

ほぼすべての文章術の本で指南されているのが**「型」**です。型とは「このかたちをマネすると伝わりやすくなりますよ」というテンプレートのこと。たとえば127ページで紹介した**「PREP法」**もそのひとつです。Point（結論）、Reason（理由）、Example（例）、Point（結論）の略でしたね。

では、こんなメールが上司から届いたらどう感じるでしょうか。

P（結論）：このままでは目標達成は難しいと思います。

R（理由）：現在の進捗は、予定の60％に留まっています。残り期間での挽回は

厳しいのではないでしょうか。
E（例）：先月の数字と比較しても、1週間あたりの件数は半分です。
P（結論）：計画の見直しが必要だと考えます。よろしくお願いします。

たしかに、現状の課題は端的に説明されていますし、計画の見直しが必要なこともわかる。間違ったことは書かれておらず、正論ではある。

でも一方で、ドライな印象も受けないでしょうか。淡々と詰められている感じ。有無を言わさぬ静かなプレッシャー。逃げ場のない残業の確定演出。ぼくも読んで胸がぎゅっと苦しくなりました。

もし現況に危機感をもちつつ、前向きに計画を見直してもらいたいなら、**最後にあと一言ほしいところです。**

そこでおすすめしたいのが**「型プラス」**という考え方です。

たとえば今回の場合、**「よろしくお願いします」の前に、次の要素のどれかを追加してみます。**

1 Hearing（**耳を傾ける**）：とはいえ、いろいろご意見があると思うので、次回の定例会議の冒頭でみなさんの考えを聞かせていただけませんか。

2 Action（**行動を促す**）：一緒に知恵を出し合って、実現可能な計画にしていきましょう。

3 Future（**未来を見せる**）：この見直しを通じて、より実現可能性の高い計画になると確信しています。

4 Help（**助けを求める**）：忙しいとは思いますが、みなさんの協力が必要です。

5 Real（**本音を言う**）：計画の見直しは一時的な後退かもしれません。ですが今このタイミングで立ち止まり、全員で考え直すからこそ、成果につながると信じています。

こういった一言があるだけでも、ドライで辛辣な印象はぐっと減らせそうですよね。相手も少しは前向きにとらえてくれるのではないでしょうか。

とくに厳しいことを伝えなくちゃいけないときや、主張、提案、説得、依頼をするときは、いつもの締めくくりにプラスアルファする。「追伸」として書くのもいいでしょう。それでちょうど伝わるくらいになります。

送信する前、提出する前、3秒だけ立ち止まって、締めくくりを読み返してみてください。

たった3秒の思いやりが、厳しい正論を、温かなメッセージへと変えてくれるはずです。

センスがある人の「締めくくり」の技術

感じがよくなる締めくくりの種類は、こんなもんじゃありません。

たとえば、次のような文章。

- 日ごとに暑さが増しております。どうかご無理のないようお過ごしください。
- 明日から寒くなるようです。お風邪など召されぬようご自愛くださいませ。

こうやって「**季節を絡めた表現＋相手を気づかった一言**」で締めくくるだけでも、印象がよくなりますよね。

ただこれだけだと、定型文すぎるというか、ちょっと物足りないと感じる人もいるかもしれません。淡白でオリジナリティがない。もっと「あなたのことを考えていますよ感」を出したい。

そんなときにおすすめなのが「一通ずつアレンジする」です。

相手の状況やエリアを想像したり、天気を調べたりして、より具体性を付与していきます。

取引先の人事担当者に対して

この時期、新入社員のご対応などでいつも以上にお忙しいと想像します。週末は少しでもゆっくり過ごせますように。

大阪在住の人に対して

大阪ではインフルエンザが大流行中とニュースで見ました。どうぞ暖かくしてお過ごしください。

こんなふうに「**相手が見ている（感じている）情景**」に視点を切り替えて、「**仕事の状況**」「**天気**」「**身のまわりで話題になっていること**」などを**想像する**と、相手にぴったりの文章を書けるはずです。

また、ある程度距離が近くなった相手なら、自分のことをさらっと伝えるのも魅力的だと思います。

〜〜、以上、ご検討のほどよろしくお願いいたします。

そういえば最近、引っ越しをきっかけに、器集めに夢中になっています。渋めの器が好みなんですが、北欧の感じもいいな〜と気づいてしまい、順調に「器沼」にハマりつつあります…！　〇〇さん（相手の名前）、器がお好きだったなと思い出しました。

なんかほっこりするというか、読んでいてうれしくなる文章ですよね。

ただこうやって自分の話を書く場合、**自分の話で完結するのではなく、最後は相手につなげる**のがポイントです。「なんで私にこの話をしたの？」「どうコメントしていいやら」と思わせないようにしましょう。

自分のことを書くといってもなんでもいいわけではなく、**共通の趣味や出来事を先に思い出して、そこから逆算して自分の話から始める**のがいいかもしれませんね。

ただし前半であれば、そのあとに本題が流れるので、相手へのフリが入らなくても問題ないケースもあります。

もうすぐバレンタインですね。週末は激混みのデパートに義理チョコを仕入れに行って、ぐったり疲れました…。
さて、先日ご連絡していた案件ですが〜〜

こういう書き方であれば、相手も返信するときに「なにかコメントしなきゃ」という負担を感じにくいはずです。

ただし、締めくくりもそうですが、**長すぎるのはNG。**

とくに冒頭に書く場合は、そのあとに本題が続くので、2、3文に抑えたほうがいいでしょう。あともちろん、頻度が高すぎるのも逆効果になりかねません。

こういう話をすると、「だったら用件だけ書けばいいじゃん」と思うかもしれません。その気持ちもよくわかります。とくに仕事の連絡においては。

でもこういう一言があると、素直にうれしいものです。

久しぶりに連絡をとったとき、相手の本音を引き出したいとき、自分のキャラクターを知ってもらいたいとき。

そういうタイミングで適度な自己開示をすると、相手との距離を近づけられるのではないでしょうか。

それに相手を気づかった文章を書くことで、自己療養というか、心が満ちていく感覚も得られると思います。

営業や社内調整で役立つ！「クッション枕詞」の使い方

ストレートすぎる文章をやわらげる場所として「締めくくり」を挙げましたが、それ以外におすすめの場所があります。

本題を切り出す直前です。

営業や社内調整のメール・チャットの場面で、相手をモヤッとさせずにうまく自分がもっていきたい方向に誘導できる人がいます。

そういう人たちの文章を観察すると、相手がメッセージを受け取りやすくするような言葉、いわば**「クッション枕詞」**をよく使っていることに気づきます。

クッション枕詞とは「お手数をおかけしますが」「もし可能でしたら」など、説得、提案、依頼、質問、反論といったシーンで使える言葉です。

クッション枕詞は、大きく2つの方向性に分かれます。

① 下から入る

代表的なのが「お手数をおかけしますが」「お忙しいなか恐縮ですが」など、申し訳なさや謙虚さを表現するときに使う方向性です。

② 前を向かせる

「生産性をより高める提案なのですが」「コスト削減につながりそうな案件がありまして」など。相手のメリットを先出しすることで、「おもしろそうだな」「どういうこと？」と思わせたり、モチベーションを上げさせたりと、前のめりになって読み進めてもらえる効果があります。

みなさん、きっと「下から入る」のほうは日常的に使っていることと思います。ぼくもメールやチャットでしょっちゅう使っています。

一方で「前を向かせる」は難易度が高いというか、ぱっと出てきづらいですよね。結果、レパートリーが「恐れ入りますが」と「お手数おかけしますが」しかないという人も多いのではないでしょうか。

次ページから紹介する例では、「下から入る」だけでなく「前を向かせる」も入れています。自分が使うシーンを想像しながら読み進めてみてください。

※「下から入る」には「(下)」、「前を向かせる」には「(前)」を入れています。

質問するときに使えるクッション枕詞

相手から情報を引き出したいとき。ただ質問を投げかけるだけだと、相手は「押しつけがましいな」「尋問されてるみたい」と感じてしまうかもしれません。そんなときはこんなクッション枕詞を使うと、質問の威圧感を減らせます。

（下）門外漢で恐れ入りますが

専門外の話題を扱うときに使えます。

（下）○○で悩んでいてご意見を頂戴したいのですが

自分の課題を率直に示すことで、相手の協力を得やすくなります。

（前）他の人も気になっていると思うのですが

≫「自分だけでなく、みんなにとって価値がある質問です」という含みがあるので、相手も「ではシェアできる情報として話そう」と前のめりになりやすくなります。

（前）○○さんがこれだけの実績を出している秘訣を知りたいのですが

≫相手の成功を認めつつ、学ぶ姿勢も示せます。

例

・門外漢で恐れ入りますが、みなさんがよく使っているCRMってエクセルでの業務管理となにが違うのでしょうか？
・新入社員の教育で悩んでいてご意見を頂戴したいのですが、小林さんは過去にどのような取り組みをして新入社員との距離を近づけたのでしょうか。

・他の人も気になっていると思うのですが、その美肌を保つ秘訣って教えてもらえたりしますか？

提案するときに使えるクッション枕詞

新しく提案するときの文章って悩みますよね。

とくに上司やクライアントに対しては、相手の立場や経験を意識しながら言葉を選ばなければなりません。でないと上滑りの提案で終わってしまうこともあります。そんなシーンでは、次のようなクッション枕詞が役立ちます。

（下）ジャストアイデアですが

相手の反応を見たいときに便利です。

（前）ぜひこれだけはお伝えしたいのですが

こう書かれたら先を読み進めたくなりますよね。

（前）従来の方法とは異なりますが、○○につながりそうな案がありまして

変化への抵抗を和らげつつ、こちらの前のめり感もアピールできます。

（前）貴社の○○に沿った提案をさせていただきたいのですが

アポをとるときにも使えそうです。

例

・ジャストアイデアですが、西村さんチームと水上さんチームのメンバーを一時的に入れ替えるのはどうでしょうか。

・営業部の長期的な成長を見据えた提案なのですが、海外市場への進出を検討する時期に来ていると感じます。具体的には～～。
・貴社のビジョンに沿った提案をさせていただきたいのですが、以下の日程でお時間を頂戴することは可能でしょうか。

議論の方向性を変えたいときのクッション枕詞

仕事上でやりとりをしていると、議論が建設的でない方向に進んでしまったり、核心から外れてしまったりすることがありますよね。そんなとき、さりげなく話題の方向性を変えるのに便利なクッション枕詞があります。

(下)別の観点から考えると

現在の議論に新しい視点を入れるときに効果的です。

(下)ちなみに

会話の流れを変えずに、補足的な内容を自然に追加するときに使えます。

(下)ところで○○に関してなのですが

話題を切り替えるときにおすすめです(「ところで」は本当に万能ですよね)。

(前)この議論をより深めるために別の切り口で考えてみると

ちょっと知的に見える言い回しです。

例

・別の観点から考えると、そもそもAIやIoTの活用以前に、まず現状の業務フローを改善する必要があるかもしれません。
・ちなみに、来週行くお店の予約ってもうできてますか?

・ところで月末の社員研修に関してなのですが、今回はオンラインでの開催に変更してもよいと思っています。

どうでしょうか。いずれも、相手への配慮を示しつつ、自身が望ましい方向に導くクッション枕詞です。

ただし注意点があります。

それは**「業界や状況などによって適切さが変わる」**ということ。

たとえば、「ちょっとしたアイデアがあるんですが」のようにより直接的でカジュアルな表現が好まれる業界、企業もあるでしょうし、反対に「誠に恐縮ではございますが」のようなフォーマルな表現がよしとされる業界、企業もあるはずです。

一括りに「これ」と決めつけず、シーンや相手の立場に合わせてアレンジしてみてください。

印象がいい「依頼文」に共通する5つのポイント

仕事で避けられない、かつ頭を悩ませがちなのが「依頼」ではないでしょうか。シンプルに用件だけ書くと冷たい印象になりそうだし、かといってオブラートに包むと意図が伝わりづらくなる。文面を考えているうちに何十分も経っていたなんて経験がある人もいるかもしれません。

そこでここでは、「この部分、明日までに書き直してください」「今週末に2時間取材させていただけませんか」など、編集者として日常的に難しいお願いをするなかで身につけた、依頼文の書き方を5つ紹介します。

1 「理由」と「限定」を組み合わせる

アメリカの心理学者エレン・ランガーの実験によると、**依頼に「理由」を添えると承諾率が大きく向上する**ことがわかっています。

たとえば、コピー機の前で「すみません、先に使わせてもらっていいですか?」だけだと承諾率は60%。一方で「すみません、先に使わせてもらっていいですか?急いでいるので」と言うと、承諾率は94%まで上がるそうです。

「急いでいるので」なんて大した理由にならないようにも思えますが、たったそれだけでも効果があるということですね。実践的です。「5分後の電車に乗らなくちゃいけなくて」なんて理由を詳しくしたら、より承諾率が上がりそうです。

そして「理由」にもうひと工夫を加えると、より効果的になります。

たとえば次の2つの依頼文、どちらが受け入れやすいでしょうか。

【A】来週の会議資料をチェックしていただけますか。前回、冒頭の説明がわかりにくいとご指摘いただいたので、ご意見を頂戴したく思います。

【B】来週の会議資料、導入部分だけチェックしていただけますか。前回、冒頭の説明がわかりにくいとご指摘いただいたので、ご意見を頂戴したく思います。

どうでしょう。Bのほうが受け入れやすいと感じませんか。

理由は2つあります。Bは「導入部分だけ」と限定することで、相手の心理的負担が減ること。そして、その部分に焦点を当てた理由が「前回の指摘事項」と一貫していることです。

このように単に理由を加えるだけでなく、**「①依頼内容を限定する、②過去の文脈とひもづけて伝える」**の2つを意識すると、より承諾率が高まるはずです。

２「感謝↓依頼↓感謝」のリズムをつくる

感謝の言葉をかけられると、自然と相手によくしたくなるもの。この心理を生かして、依頼文に**「感謝↓依頼↓感謝」**というリズムをつくると効果的です。

たとえば、次のイメージです。

例

冒頭の感謝：過去のことに対する感謝

先日は原稿を予定通りお送りいただき、ありがとうございました。

本題の依頼：具体的な依頼内容
2点ほど変更をお願いしたく〜〜

末尾の感謝：未来に向けた感謝
いつも迅速なご対応をいただき、ありがとうございます。お手数をおかけしますが、引き続きよろしくお願いいいたします。

締めくくりの重要性はさっき解説しましたが、ここで強調したいのは**「冒頭のポジティブな文章」**についてです。

ぼくは著者から原稿を受け取ったとき、仮にクオリティがいまひとつだなと感じたとしても、ほめ言葉から始めるようにしています。

文章を書くという行為は、裸になって自分をさらけ出すようなもので、コンプレックスや不安が、どんな人でも多かれ少なかれついてまわるものです。だから正面から否定してしまうと、相手は深く傷つき、場合によっては怒ったり失望したりして、修復不可能な関係になってしまうこともありえます（ぼくも過去に経験あります……）。だからこの例文では1行でさらっとまとめましたが、実際には最低でも5行、多ければ10行、20行と、共感した箇所やその人ならではの内容をポジティブに伝えるようにしています。

これはなにも著者と編集者に限った話ではありません。

部下が書いて提出したものを「わかりづらい」「読みづらい」「下手くそ」なんて否定的にフィードバックするのは言語道断です。

長々とほめる必要はないと思いますが、「全体としては理解できました」と部分的には肯定したうえで、「ここをこう変えたら、もっとよくなると思いますよ」と

クオリティを上げるための視点で提案する。

個別の文章について論じるのであって、くれぐれも「社会人としていかがなものか」「あなたくらいの年齢だったら」みたいな人格否定的な指摘をしてはいけません。絶対に、です。

③「でも」を「すみませんが」に変える

「相手を肯定してから依頼する」というのは、多くの人が経験的に身につけているテクニックです。

ただし、**「でも」や「ですが」は要注意。** この言葉を使いすぎると、せっかくのほめ言葉が打ち消されたような印象を与えかねないからです。

【A】企画書、とてもよくまとまっていますね。でも、導入部分をもう少し工夫したほうがいいかもしれません。

【B】企画書、とてもよくまとまっていますね。すみませんが、、、、、導入部分をもう少し工夫していただけませんか。

ぼく自身はAでもBでも気にならないのですが、Aをネガティブにとらえる人がいることを知って以来、こうした書き方は基本避けるようにしています。

あるベストセラー作家から「編集者との付き合いは2冊目になると難しくなる」と言われたことがあります。

なぜか？　理由を尋ねると「最初のうちは『ここがすごくいいですね』とほめてくれるのに、慣れてくると『いいんですけど』や『でも』という言葉が増える。そうすると段々と、『自分はこれまでお膳立てされていただけで、じつは文章が下手だったのではないか』と不安になる」とのこと。

この言葉は予想外というか、驚きでした。そうか、そう思うのか。
ただ、これって恋愛でも同じなのかもしれませんよね。付き合いたての頃は毎日「かわいいよ」「素敵だね」ってポジティブな言葉ばかり口にするけど、月日が流れると「服はいいと思う。でもバッグと合ってないよね」とか「好きに食べればいいと思うけど、なんか顔がふっくらした?」なんて言うようになる(ぼくはそんなこと言いませんよ!)。

「でも」とか「だけど」という接続詞があると、たとえその前で肯定していたとしても、それまでの評価が形式的なリップサービスのように感じられてしまう。つまり信頼関係が揺らいでしまうわけです。

それと比較すると、たしかに「すみませんが」とか「恐れ入りますが」には、

● よりよくするためのお願いをしている

●お願いをすることへの申し訳なさ（＝キョロキョロ感）がある

という2つのメッセージが含まれている気がします。

ただ多用すると、それこそ過剰なキョロキョロになりかねませんし、「悪くもないのに謝罪するなんておかしい」と思う人もいるので注意が必要です。このあたりの塩梅《あんばい》については184ページを参考にしてください。

④「あなただから」を強調する

タフなお願いをするときは「あなただから」という理由を添えるのも効果的です。これは優秀な人だと、とても自然に使いこなしています。

たとえば、「庄子商事への提案資料、プレゼンがうまい永井さんにチェックしてもらえると安心なのですが、お願いできませんか」と声をかける。指名された永井さんも(忙しそうではあるものの)、「まあ仕方ないか」という表情を浮かべながら、どこか誇らしげに依頼を受ける。そういうシーンをみなさんも見かけたことがあると思います。

とくにうまいなと思うのは、**その理由が具体的であるとき。**

「いつも頼りにしているので」「経験が豊富なので」といった漠然とした理由では、形式的なお世辞にしか聞こえません。

そうではなく、しっかりと裏付けのある理由を示します。

●ダイヤモンド・オンラインで連載されていた記事がとても学びが多く、今回ぜひその内容を講演でもお話しいただきたいと思いまして。

● これまで勉強会や交流会をリードした経験を生かせると思って、藤田さんにお声がけしました！

こんなふうに理由を具体化して伝えると、相手も「自分の経験や知見が役立つなら」と前向きな気持ちになってくれるはずです。

ただし、**いかにも取ってつけたような表現はやめましょう。**

前の例でいうなら、「プレゼンの天才」や「プレゼンゴッド（神）」と言われると、心に余裕があるときは笑って流せるでしょうが、そうでないときだと「なに言ってんの、こいつ」と怒りたくなります。無理にお膳立てするのは避けましょう。

5 最後は「選択権」を示す

さきほどの「締めくくり」のパートで紹介するのを忘れていたのですが、ぼくは依頼文を書くとき、最後によく入れている一文があります。

「もしご都合が悪ければ、別の方法も考えさせていただきます。」

たった1行ですが、これを入れるかどうかで、承諾率や返信率に大きな差が出ます。実際の編集の現場だと、こんな感じです。

シーン1：原稿確認スケジュールの調整

原稿のご確認は21日(金)までにお願いできますでしょうか。もしご都合が悪ければ、分割でお戻しいただくなど、別の方法も考えさせていただきます。

シーン2：インタビューの依頼

90分ほどお時間をいただきたく存じます。もしご都合が悪ければ、メールでの質疑応答など、別の方法であっても、ぜひお話をおうかがいできたらと思っています。

このように具体的な代替案まで示すと、たとえ第一案が難しい場合でも、なんらかの形で協力してもらえることが多いんです。

実際、ある著名な経営者から「この一文があるから、けっこう無理なお願いでも前向きに検討する気になれる」と言ってもらったこともあります。

なぜこれほど効果があるのか。『影響力の武器』の著者ロバート・B・チャルディーニは、人は選択を強制されると**「心理的リアクタンス」**と呼ばれる拒否反応を示すと指摘しています。つまり「やらなければならない」と感じると、それだけで抵抗感が生まれてしまうわけです。

でも「別の方法も考えさせていただきます」という一文を加えることで、

- この依頼は強制ではない
- 相手の状況を第一に考えている

というメッセージを伝えることができます。

さらにこのような選択肢を文章化することで、自分自身も**「代替案で進む可能性がある」**という心構えができ、より柔軟な姿勢でコミュニケーションをとれるようになるはずです。

印象がいい「依頼文」に共通する5つのポイント まとめ

1 「理由」と「限定」を組み合わせる

×「資料をチェックしていただけますか」
○「導入部分だけチェックしていただけますか。前回ご指摘いただいた箇所なので」

2 「感謝→依頼→感謝」のリズムをつくる

「先日はありがとうございました」→「お願いしたいことがございまして」→「いつもご協力いただき、ありがとうございます」

3 「でも」を「すみませんが」に変える

×「よくまとまっています。でも、もう少し工夫が必要です」
○「よくまとまっています。すみませんが、もう少し工夫していただけませんか」

4 「あなただから」を強調する

×「いつも頼りにしているので」(漠然とした理由)
○「前回の○○での経験を生かせると思い、ぜひお願いしたくて」(具体的な理由)

5 最後は「選択権」を示す

強制ではなく、相手の状況を第一に考えているというメッセージを加える
「もしご都合が悪ければ、別の方法も考えさせていただきます」

「ほめ上手な人」がメールやSNSで書いていること

仕事でもプライベートでも、相手をほめたい（賞賛したい）のにうまい言葉が出てこないことってよくありますよね。

会話であれば「どうやって達成したんですか？」みたいに相手に話を振ることもできますけど、メールやチャット、SNSだと文章化して一方的に気持ちを伝えなくちゃならない。

でもそれが難しいんですよね。

「これでいいかな……いやなんか上から目線っぽいな」なんてあれこれ書き直してみるものの、いまいちピンとこない。

結果として、なにも書かないままでいるか、あるいは言葉足らずな気がしても「すごい、尊敬します！」「おめでとうございます！」と一言だけ伝えておく。そして逃げるように立ち去ってゆく。ないしは別の話題に舵を切る。

こうした「語彙力なさすぎ問題」は、年齢を問わずよくある悩みとして挙げられますし、本書で実施した1000人調査の回答でもよく見られました。

でも本当に、ほめるときに語彙力は必要なのでしょうか。

もちろん表現のレパートリーがあるに越したことはないですし、相手のシチュエーションやほめてほしいであろうポイントを予測して的確に言語化すれば、喜んでもらえる確率は高まるはずです。

でもだからといって、「ほめ言葉にはバリエーションが必要だ」と思い込むと、無理やり季語を押し込んだ俳句のように息苦しいほめ方になりそうです。それに「作り物じみてるな」と感じる読み手もいるはずです。

そこでここでは、王道ではない攻め方で「文章におけるほめ方のコツ」について考えてみたいと思います。

第一に、**スピード感。**これは意外と大事なポイントです。ほめたいことって鮮魚のように旬が命です。ほめ（賞賛）が生まれる場のエネルギーは感情の産物なので、盛り上がりから乗り遅れるほど、ほめ言葉に対するハードルが上がってしまいます。

たとえば、営業チームのメンバーから受注の報告があったとき。

直後であれば「すごい！」「さすが！」「おめでとうございます！」という一言でも本人にとってはうれしいものですし、「すごすぎワロタ」みたいに多少のおふざけもまあ許されると思います。

でもそれが数時間経ち、日をまたぐと、そんな軽々しい一言では済ませにくい雰囲気になります。

とはいえなにも言わないままだと印象が悪くなりそうだし……と悩んだあげく、「ええい、とりあえずスタンプだけ付けておこう！」みたいに投げやりな対応をした経験はありませんか。ぼくはあります。

ほめるときは波に乗り遅れない。まずはこれが鉄則です。

第二に、**自分の感覚を伝える。**

相手のどこがすごいかを分析してほめるのは、かなり難易度が高いことです。

勘の鋭い人なら「ここをほめたら相手もうれしいだろうな」と読みとって適切な言葉に置き換えられたりするのですが、それも簡単ではありません。

でも、**「自分がどう感じたか」「自分はどう生かそうと思うか」**という切り口なら、比較的言葉が出てきやすいはずです。

簡単な表現なら「すごく勇気づけられました！」「自分ごとのようにうれしいです！」「私も早速やってみようと思います」でもいいでしょう。

さらにこのとき、**「フィジカルの反応」を付け加えると、より本音でほめている感じが出ます。**

たとえば、「すごすぎて口がぽかんとなりました」「なんかワインが飲みたくなってきました（笑）」など。**生理現象や五感とひもづける**と、臨場感のある、かつ独自性のあるほめ言葉になります。

第三は「キョロキョロ感」を出す。

そう。キョロキョロはほめるときにも使えるんです。

言葉が出てこないなら、素直に「うまく言葉にできず恐縮なのですが」「語彙が乏しくてすみません…」と書いてしまう。こうすると相手としても「一生懸命伝えようとしてくれているんだな」と好感を抱くものです。

人間って不思議なもので、**うまい表現よりも「うまく伝えようと頑張ってくれた」ことのほうが心に響く**ことがあります。

たとえばプレゼントをもらったときって、プレゼントそのものもうれしいですけど、ときにはそれ以上に「自分のために時間を使って準備してくれた」こと自体がうれしくなりますよね。それと似ています。

「自分もあなたと一緒に喜びたい」という姿勢そのものが、ときに最高のほめ言葉になるんです。

最後は、**テンションを合わせる。**

文章って顔が見えない分、相手の感情がわかりません。めでたいことがあったときも、同じように喜んでくれているのか、興味がなさそうにしているのか、よくわからず不安に思うものです。

だから相手をほめるときには、**ややオーバー気味にリアクションするくらいがちょうどいい。**

「すごいですね」ではなく「うわー、すごいですね！」、「素晴らしいと思います」ではなく「素晴らしいですね!!」にする。

といっても、これは短文の場合のリアクションなので、ある程度まとまった文章を書く場合は、むしろ記号を使わないほうが説得力が出るはずです。

あとこれはぼくだけかもしれませんが、自分のめでたいことがあったときに絵文字やスタンプだけの反応だと少しさみしく感じます。

ノーリアクションよりはうれしいのですが、自分だけ喜んでいて周りが「すごい！」みたいなスタンプだけだと、すべった感じもします。言わなきゃよかったかなって思います。

でもそのなかで「すごいですね！　おめでとうございます！」ときちんと言葉にして伝えてくれる人がいると、やっぱりその人に対してはポジティブな印象を抱くものです。

これも前に出したプレゼントの例と同じなんですかね。**絵文字やスタンプだけでコミュニケーションできる時代だからこそ、言葉にしてくれるだけでもうれしい。**そう言えるのかもしれません。

相手を不快にさせない「断り方」のコツ

依頼やほめ方に続いて悩みどころなのが「断り方」です。

ビジネス書や自己啓発書を読んでいると、「断っても嫌われないから、どんどん断ろう。仮に嫌われたっていいじゃないか」みたいな言説を見かけることがありますが、ちょっと待てと言いたい。いや、言わせてください。

大多数の職場において、「嫌われてもいいから、どんどん断ろう」とやっていたら、かなりの確率でその人は居場所を失います。「私には関係ない仕事だし、ストレスになるからやりたくない」みたいに断る人ばかりだったら、組織として成立しないからです。**「嫌われてもいいから断ろう」なんて、そう簡単に割りきれる問題ではありません。**

編集者もそうです。社内の人間関係が悪化したら企画が通りにくくなるし、著者から嫌われたら出版できない。ライター、デザイナー、イラストレーター、カメラマンといった外部スタッフから敬遠されたら良質なアウトプットが出てこない。「他者のパフォーマンスを上げること」と「成果を出すこと」がほぼイコールのような仕事なんです。

「嫌われてもいいから断ろう」なんて戦略は、よほど確固たるポジションを築いた一部の成功者にしか使えません。ぼくたち一般のビジネスパーソンにとっては、いかに嫌われないように断るかに極めて大事な問題なのです。

「断らなければならない状況」をつくらない

断るのが好きな人というのは、まずいないでしょう。多かれ少なかれ、断ることにはエネルギーを使い、心理的な負担を感じるものです。

それに、断られてうれしい人もいません。当たり前ですね。なんらかの期待をしてお願いしているのですから。

そう考えると、断り方以前にポイントになるのは、**「断らなくて済む状況をいかにつくるか」**といえます。

孫子は「百戦百勝は善の善なる者に非ず」と言っています。「戦わずして勝つのが最善である」という意味です。これを断り方に当てはめるなら、**「断らずして話が進むのが最善である」**となります。

では、具体的にすべきことはなにか？
まず有効なのが、**相手が「この人には、このお願いは適切ではないな」と事前に判断できる情報を、日頃から発信しておくこと。**

たとえば、次のイメージです。

- 「今週は新規プロジェクトの立ち上げ期間なので、集中的に取り組んでいます」と会議で明言する（勇気が必要ですが）
- 仕事中は集中して作業し、席を外す回数を減らす。デスク周りには進行中の資料を整然と置き、多忙な状況が自然と伝わるようにする（これならできそう）
- 「退勤後は実家の仕事を手伝っているんです」と、自然な会話のなかで状況を伝えておく（これも比較的やりやすそう）

こうした言語的・非言語的な「情報発信」をしておくことで無理な依頼を減らせるはずです。それにこの状況を周囲が理解していれば、たとえ断ったとしても納得してもらいやすいと思います。

印象が悪くならない「断る技術」3選

ほかにも断るときのポイントはいくつかあります。

①寝かさず、すぐ断る

断るのって面倒なので、つい後回しにしてしまいがちです。

でも返答が遅れるほど、相手の期待はふくらんでしまいますし、あとから断ったとしても「検討の余地があったのかな。もう少し押せばいけそうだからまたお願いしてみよう」と相手を勘違いさせてしまうかもしれません。

時間を空けずに断って「無理なものは無理」というスタンスを早いうちに示したほうがいいと思います。

②「絶対断る」の基準を決めておく

とはいえ、すぐ断るのは容易ではありません。相手の事情や自分のスケジュールを考えながら、どうしようかなとあれこれ悩んでしまうものです。

少しでもその時間を短縮するためには**「この条件の場合は、絶対に断る」**と決めておくのも一手です。

たとえばぼくの場合、初対面の人が多い5人以上の飲み会やカラオケは断るようにしています。理由は経験上5人を超えると話題が分散し、会話を掘り下げることが難しくなるからです。だから講演会後の懇親会や大人数の飲み会は、「どうしても……」というケースを除き、参加を断っています。

3 代替案や次のアクションを示す

断りっぱなしの人っていますよね。

たとえば、次のようなやりとり。みなさんも経験がありませんか？

相手「今度ランチに行きませんか？」
あなた「いいですね！　この日程はどうでしょうか？」
相手「すみません、この日程は難しいです！」
あなた「……」

向こうから誘ってきたにもかかわらず、新たな日程候補を出してこない。まさに断りっぱなし。思わず「あれ、この人私とランチ行きたくないのかな？」と不安になってしまいますよね。同時に「じゃあ何日がいいの？　誘ってきたのはそっちなのに全部私がリードするの？」なんてむっとするかもしれません。

こうしたやりとりでは断ること自体より、「断ったあとの対応」が問題です。

「来週のこの日ってどうですか？」「チーム会議が入るかもしれないので、明日にでも私から別の日程を提案させてください」のように、代替案や次のアクションを示す一言があるかないかで、印象は大きく変わります。

このとき、「○○さんとランチに行けて、うれしいです！」「楽しみですね！」といった**感情表現をプラスすると、より誠意が伝わり「約束を実現したい」という気持ちが相手に届く**はずです。

察してさんには「悪文シェア作戦」

ここまでは、「伝えたいことをいかに感じよく伝えるか」に焦点を当てて話を展開してきました。

ただそれとは別軸で、感じよく伝えようとしすぎて相手を不快にさせてしまっている人も、じつはそれなりにいるようです。

「こう言ったら大石さんは怒りそうだな」

「社長から言われたことをそのまま書くと傷つくかもしれないから婉曲的な表現にしよう」

「みんなに考えてもらいたいから、あえてこう書いておこう」

いずれも他者への配慮であり、本来であれば文章をよりわかりやすくするために有効に働くものです。

ところが現場では、不評、というか**ストレスの温床**になっているケースも珍しくないようです。いわゆる「察してさん（相手のことを考えすぎるあまり、かえって文章をわかりにくくしてしまう人）」問題です。

本書の執筆にあたって実施した1000人調査でも、「どんな文章に対してストレスを感じますか？」という質問に対し、「オブラートに包みすぎてまわりくどい（気をつかってくれるのは有り難いけれど遠回しすぎる）」という回答が多く見られました。

ただ、「察してさん」問題の難しいところは、**本人は自身が「察してさん」であると気づいていないこと**です。

相手のことを気づかってマイルドに書いているつもりであり、それが読みづらさやストレスにつながっているとは想像していない。そういうケースが多い気がします。

これはなにもメールやチャットに限った話ではありません。SNSやブログなどでも「読者のために書いているけれど、逆に読みづらくなっている文章」を見かけることがあります。

たとえば、こんな文章です。

私見ではありますが（というか、みなさまのお考えもあるかと思いますので…）、この件に関しては、ある程度の方向性が見えてきたような気がします。
とはいえ、まだまだ議論の余地がありそうな部分も多々ありますので、ぜひみなさまからのご意見もいただけますと幸いです…。（色々な捉え方があると思いますが）

ていねいな姿勢は伝わるものの、なにを伝えたいのかが判然としません。謙遜表現が過剰で、言い回しも全体的にあいまいです。

それに、かっこ書きも多い。たしかに文章を書いていると仮想の読者の声が聞こえてきて、かっこを使って一人二役を演じたくなることはあります。ですがこの短い文章で、しかも同じような内容を書くのは賛成できません。

おそらくこの文章を書いた人には「私のことを理解してくれている読者なら、これでも察してくれるだろう」と思っているのではないでしょうか。

もちろん「伝わる人にだけ伝わればいい」というスタンスを否定することは誰にもできません。

でも、より多くの人に読んでもらいたいなら、こまかい文章テクニックよりも、まずは「読者に対して過剰に配慮していないか？」という視点をもっておくべきだと思います。

ほかの人の文章から「気づき」を得てもらう

ここまで読んで「自分もやりがちだったな。気をつけなくちゃ」と思った人は解決したようなものなのですが、なかには「身近なところに察してさんがいて困っている」という方もいらっしゃると思います。そういう人はどうすればよいのでしょうか。

ぼくは編集者という立場上、ライターさんの文章にあれこれ感想を言って、ときには大がかりな修正をしてもらっています。

その経験のなかで、ライターさんの執筆スキルがぐんと伸びるのは、あるタイミングだと感じています。

それは、第三者の原稿チェック。**ほかの人の文章に手を入れることで、自身の文章のクセを客観視してもらう**ということです。

「察してさん」は本来、論理的に考える力も文章で表現する力も人並み以上に持ち合わせていて、けれども「相手を傷つけないように」「話が長くなるのは申し訳ないから、余分な情報はカットして簡潔に」などと配慮した結果、わかりづらい文章を書いてしまっているのだと思います。

だから「悪気はなく、察したうえでの表現の方向性が違うだけ」ともいえるのではないでしょうか。

そういう意味で、ほかの人が書いたわかりにくい文章を「察してさん」に見せて、「これ、どういう意味でしょうね？」と聞いてみるのは有効だと思います。

あえてまわりくどい文章を作成して「うまく書けないんですけど、どう修正すればいいですかね？」と聞いてみてもいいでしょう。

悪文の編集を通して自身の悪文に気づいてもらう。**悪文シェア作戦**です。

時間はかかるかもしれませんが、これが根本的な解決につながる方法だと思っています。

ちなみに、このときちょっとしたコツがあります。

単に編集してもらうのではなく、相談したこちら側も「たしかにここはわかりづらかったですよね」と共感したり、「ここってこう変えたほうがもっと読みやすくなりますかね？」と提案したりするのです。

こうすることで「婉曲表現は必ずしも配慮につながらない」という気づきが生まれたり、「はっきり書いたほうがむしろ親切なのかもしれない」という発見につながったりします。

本来もち合わせている「相手を思いやる気持ち」が、「相手を迷わせない明快な文章」という形で表現されるようになるわけです。

「察してさん」に困っているなら、一方的な指摘や批判ではなく、いっしょに文章をよくしていこうという姿勢が解決につながると思います。

「自慢さん」は変えられるのか？

本書の第一稿を書き上げて担当編集の亀井さんに送ったところ、追加してほしいトピックとして、こんなリクエストをもらいました。

あとやっぱり読んでられないのは「自慢」全開の文章です。本人はコンプレックスの裏返しで書いていたりするので無自覚のことが多いのですが、ここは「恥ずかしいよ」としっかり指摘してあげたほうがいいと思います。

文面から切実そうな印象を受けたので、このトピックは追加しなくてはと思いました。取り扱いが難しそうですが、**「自慢全開の文章を書く人に対して、どう指摘すべきか？」**についても考えてみましょう。

ぼく自身、思い返せば会社員時代、メールやチャットで自慢話を見かけたことがあります。こんな感じです。

●今回の企画書、実は徹夜で仕上げたんです。でも私、追い込まれたときのほうがいいアイデアが出るんですよね。クライアントさんからも絶賛いただきました！（註：同僚から上司への報告。実際には、クライアントは絶賛していない）

●こないだ私も、某有名企業からヘッドハンティングのお話をいただいたんですよ。でも、今の会社が好きすぎて断ってしまいました。（註：自社のチーム内で退職者が出たことを伝えたときの取引先からの返信メール）

● A社の資料、日常的に勉強している分野だったので、サクッと書き上げられました。この業界の動向は楽しいですよね。（註：難しそうだねとチーム内で言っていた案件に対して、対応したメンバーが提出時に書いたチャット）

● 気分転換にささっと書いたnoteがバズっちゃったみたいで、あっという間に10万PV。もっと本気で書いた記事がほかにあるのに、なんでこれなんだよ……って感じですw（註：同僚が全社員が見るチャンネルにいきなり投稿）

どうでしょう。みなさんもこういうメールやチャット、見覚えがあるかもしれません。富裕層やインフルエンサーへの取材記事でもよく見かけますよね。

たしかに読んでいて気恥ずかしくなるというか、他人のストレートすぎる承認欲求って、見ていると共感性羞恥を覚えるものです。亀井さんが「読んでられない」と表現した気持ちもわかります。「あー！」と顔を手で覆いたくなる。まさに目も当てられない。

と言いつつも、ぼくも30歳すぎくらいまでは「どうだ、おれ」的な内容を書いちゃうこともありましたし、いまでも偉そうに語ってしまうこともゼロではありません。思い出すたびに顔が赤くなります。すみません。

経験者だからわかるのですが、やっぱり自慢話を書く人って、自分のすごさを認めてもらいたいんですよね。ほめてもらったらもちろんうれしいけれど、そうでなかったとしても認知はしてもらいたい。だから自慢しているというより、「客観的事実を伝えているにすぎない」という感覚のほうが近いかもしれません。

とはいえ、自慢話をされたほうは「すごいですね！」といちいち言うわけにもいかない、というか面倒ですよね。そもそもほめ続けたところで自慢話をやめてくれるわけではないでしょう。

かといってダイレクトに「そういうのって自慢に見えるからやめたほうがいいですよ」とも言えませんよね。そんな勇気がある人はなかなかいないし、言ったら相手との関係が悪くなる可能性も十分にある。

じゃあどうすればいいのか。見て見ぬふりする以外にできることはあるのでしょうか？

対応策レベル1としては、「察してさん」と同じく、**ほかの人の事例を出して気づいてもらう方法**が挙げられます。「自慢話シェア作戦」ですね。

ＳＮＳでも記事でも、いい感じの自慢話を見繕って「こんなこと言って恥ずかしくないのかな」「コンプレックスの裏返しだよね、逆に心配になっちゃうかも」みたいに伝える。そこで「たしかに。自分も自慢話をしないよう注意しよう」と思ってもらえて解決に向かっていくのがレベル1です。

ただ他人の自慢話を見せても、こんなふうに切り返されるケースがあります。

「でも、自分の強みとか実績を伝えるのって大事ですよね」
「日本人はアピール下手な人が多いから、むしろいいことに思えるけど」

たしかに強みや実績を伝えること自体はいいと思うのですが、問題は「相手が求めている情報、ボリューム、伝え方なのか？」という思考が欠けていることですよね……と言い返せればいいのですが、それも難しいと思うのでレベル2の対応策を考えます。

レベル2は**「自慢返し」**です。これは上級者向けのメソッドで、相応のリスクをとることになりますが、「もうこの人から自慢話を二度と聞きたくない！」と思うなら、やってみる価値はあります。

やり方はシンプル。こちらも「自慢さん」に対してどんどん自慢を返していくのです。目には目を。自慢には自慢を。多少誇張してでも自慢返しをしてみる。あえてイタい人を演じてみるのです。

たとえば、「徹夜で仕上げた企画書がクライアントに絶賛された」という自慢をされたとしたら、「私もこの3日間、ほとんど寝てないんですよ！　でも『最近調子いいね』って部長にもほめられたんです！」みたいに切り返す。

こういうやりとりを何回か続けると、「自慢さん」の対応は3つに分かれていくと思われます。

1つめは「最近あの人、自慢が多いけど大丈夫かな」と心配になるとともに、自身の自慢にもブレーキがかかるパターン。これは問題解決したのでOKとしましょう。

2つめは「最近あの人、積極的になってすばらしいな」と前向きにとらえられてしまい、自慢をやめてくれないパターン。これは問題解決になっていないどころか、自慢の応酬が続く可能性があり、自分にとっても周囲にとっても地獄絵図になります。

3つめは「最近あの人、マウントをとってくるな（私のことなめてるな）」と警戒されて、人間関係が悪化するパターン。これも本末転倒というか、ポジティブな結果はもたらされません。ふざけた感じや思考停止で自慢返しすると、このパターンに帰着する可能性が高いので注意しましょう。

このように「自慢返し」は諸刃の剣です。成功する可能性はあるものの、初代ポケモンでいえばつのドリルくらいでしょうか。最終手段として心に留めておく程度が賢明かもしれません。

本当に頭がいい人の文章からにじみ出る「知的正直さ」とは？

さて、ふんどしを締め直して。

第3部の最後として、人柄（「頑張り」や「やる気」）を文章で表現するにあたり、基礎的なことをおさらいしておきましょう。

- どんな相手にもていねいに
- こちらに非があるときはきちんと謝る
- 返信はなるべく早く（せめてスタンプだけでも返す）
- 推定と断定を使い分ける

● 嘘はつかない。相手が勘違いするような書き方をしない
● 見栄をはらない。誇張しすぎない

このあたりは「廊下は走るな」くらいの話なので、なにをいまさらと思われるかもしれません。

でも、いい歳の大人でも意外とできていない人は多く、ぼくも「社内にこういう人がいて困ってるんですよ」という愚痴を聞くことはひんぱんにあります。

実際、みなさんも、

「文章は読みやすいんだけど、なんか鼻につく」

「正しいんだけど、読むとイラッとする」

「いちいち上から目線だから、やれやれって感じ」

と思った経験、けっこうあるのではないでしょうか。

たとえば、次のようなチャットです。


みなさん、先日のプロジェクトお疲れ様でした。

私としては、もう少し細部まで詰められたのではないかと思います。

特に、北嶋さんの担当部分については、私が以前から指摘していた通りの問題点が見受けられました。

私だったらこうします…と、事前にアドバイスしておけば良かったですね。

私はこの分野の経験が多いので、どうしても気になってしまいました。


さて、どう感じたでしょうか。

たしかに、相手のほうが知識も経験も豊富なのだろうし、書いている内容はいずれも正論ではある。

けれども、すっと心に届かない。むしろイラッとする。この人は謙虚さが足りないのではないか？　そう感じさせる文章を書く人っていますよね。

とりわけ社歴、役職、資格、学歴に対して過剰なプライドやコンプレックスをもっている人は、そうした文章を書きがちな気がします。一般に聞き慣れない言葉を駆使し、上から目線で決めつけてくる――。

本人も悪気はないのかもしれません。もしかしたら、他者からの評価を気にするあまり、自己顕示欲が強くなっている可能性もあります。

ただ周囲から見れば、やっぱり「一緒に仕事しづらいな」と思ってしまう。それが正直なところではないでしょうか。

そうした文章を書く人に足りないもの。それが**「知的正直さ」**です。

知的正直（Intellectual Honesty）とは、上智大学名誉教授の渡部昇一さんが著書『知的生活の方法』のなかで使った言葉です。

知的正直さをもつ人は、自分の知識をひけらかしたり、意見を押しつけたりしません。よくわからないのにわかったふりをすることもありません。「自分の考えが絶対とは限らない」という前提に立ち、相手の意見をていねいに聞こうとします。

これはソクラテスが言うところの「**無知の知**」に通じるものがあります。

無知の知とは、「**自分が無知であることを知っている**」ということ。「自分が知っていることは全体のごく一部にすぎない」という謙虚な姿勢のことです。

ぼくはこれまで1000人以上に取材してきてひしひしと感じるのですが、どんな業界であれ、一流と呼ばれる人たちほど、安易に断言したり、自説を押しつけたりしません。わからないことは「わかりません」と言います。そして常に相手へのリスペクトを忘れません。本当にそうなんです。

相手の立場に関係なく、常に謙虚。感謝の気持ちを忘れない。
その知的正直さは文章にも表れるものです。

知的正直な人が文章で表現する3つのこと

では具体的に、知的正直さを備えた人は、文章上でどんな表現をしているのでしょうか。

① 自信のなさや葛藤を吐露する

本当に頭のいい人は、自分の考えに100％の自信をもっていません。常に懐疑的で、よりよい答えがあるのではないかと模索しています。

だからこそ、文章でも「私にはまだわからないことが多いのですが」「間違っているかもしれませんが」としっかり表現します。

また、ある事柄について決断を下す前の葛藤や揺れ動く心情を赤裸々に書くこともあります。まさに第3部で紹介した「キョロキョロ感」を適度に出しているわけですね。

例

この問題については、正直自信を持って言えることは少ないです。Aという意見もあるでしょうし、他方ではBという考え方もあるでしょう。ただ私自身、現時点では〜〜というのが正直なところです。

2 相手へのリスペクトを忘れない

知的正直さのある人は、読み手に敬意を払い、リスペクトを忘れません。上から目線になることもなければ、マウンティングすることもない。**あくまで対等な立場から、ていねいに語りかけます。**読み手の感情を逆撫でしないよう、細心の注意を払って言葉を選んでいるのが伝わってきます。

例

この問題に関しては、さまざまなご意見があるかと思います。私見を述べさせていただくとすれば～～といったところですが、みなさまはどのようにお考えでしょうか。異なる視点からのご意見をいただければ幸いです。引き続き、オープンな議論ができればと思います。

③「ありがとう」が多い

一流と呼ばれる人の文章には「ありがとうございます」がひんぱんに登場する気がします。言い換えれば、感謝の気持ちを忘れない。読み手はそんな相手の人となりを文章から感じ取り、好感を抱くわけです。**返信の最初が「ありがとうございます。」から始まる人も多い**ですね。

例

今回は私の拙い文章を最後までお読みいただき、ありがとうございました。至らない点も多々あったかと思いますが、少しでもみなさまのお役に立てれば幸いです。忌憚のないご意見を賜れましたら、今後の糧にしてまいりたいと思います。重ねて御礼申し上げます。

本物の知性とは、ただ博識であるだけではなく、謙虚であり、人を思いやる心を持ち合わせていることである――。それは文章からも十分に伝わってきます。

そして知的正直さは、チームで結果を出すうえで欠かせない要素でもあります。

みなさんの周りに知的正直さが足りない人がいたら、ぜひこの項目に付箋を貼って、本書をさりげなく手渡してみてください。

自分のことだと気づいてもらえないかもしれませんが……。

10秒で印象がよくなる書き方のコツ　まとめ2

●「キョロキョロ感」を適度に出す（P184～）

戦略的キョロキョロの主な手法は4つ。「消極的キョロキョロ」と「積極的キョロキョロ」を使い分けるのも大事です。

●いつもの「締めくくり」にプラスする（P204～）

厳しいことを言いたいときや、主張、提案、説得、依頼をするときは、いつもの締めくくりにプラスしましょう。

●「クッション枕詞」を使いこなす（P218～）

「お手数おかけしますが」「恐れ入りますが」「もし可能でしたら」以外のクッション枕詞も使ってみましょう。

●お願いするときは「あなただから」を強調する（P237～）

「あなただから」の理由を明確に書いて伝えることで、タフな依頼やお願いも受け入れられやすくなります。

●断るときは代替案や次のアクションを示す（P258～）

断りっぱなしではなく、代替案や次のアクションを示しましょう。このとき感情表現をプラスすると、より誠意が伝わります。

●「知的正直でいること」を心がける（P276～）

相手の属性やポジションに関係なく、自説を押しつけず、等しくていねいに接することを忘れないようにしましょう。

第4部

文脈を読んで言語化する「察する力」の高め方

「察する力」が高い人ほど文章がわかりやすい

いよいよ最後のテーマとなりました。「気持ちが通じる文章」の3つめの要素となる「察する力」です。これまでと違ってやや抽象的な話が多くなりますが、もう少しだけお付き合いください。

察する力とは、**非言語的メッセージの受送信能力**のこと。小難しく聞こえますが、要は**「文脈を読んで言語化する力」**です。

文章には、書き手の伝えたいことが表現されている。一般的にはそういうことになっています。でも実際には、文脈を理解しないと相手の伝えたいことが明瞭にならないケースはたくさんあります。

たとえば、「今日は大丈夫ですか？」という一文。第三者が文面だけ見たら、いろんな受け取り方ができますよね。「最近疲れが見える人への心配」なのか、「予定が入っていないかどうかの確認」なのか、「食事でもどう？　という誘い」なのか、「トラブル翌日のフォロー」なのか――。

そう。**シンプルな文章にも複数の解釈が存在する**のです。

どれが正解かは文脈をもって読み手が予測するしかありません。厳密な意味はその文章を書いた人にしかわからない。

いや、往々にして書き手でさえよくわかっていないこともあります。読み手からの応答を受けて初めて、自分が書いた文章の真意を理解する。そういうこともあると思います。

デンマークとイギリスの認知科学者による『言語はこうして生まれる』には、ぼくたちが使う言葉や文章は「コミュニケーション氷山」の一角にすぎないと書かれています。

そして、文化的規範や慣習、価値観、しきたり、暗黙のルール、社会的役割、人間関係についての了解を前提にした予想、世界とその仕組みについての常識といった「水面下に隠れた部分」に注意を払っていればいるほど、コミュニケーションはうまくいくそうです。

ただ、これは言語と非言語についてわかりやすく図解しているものの、ぼくたちが実際にコミュニケーションをとるときには、そうした見極めをいちいち考えずにテキストを解釈しています。

コミュニケーション氷山

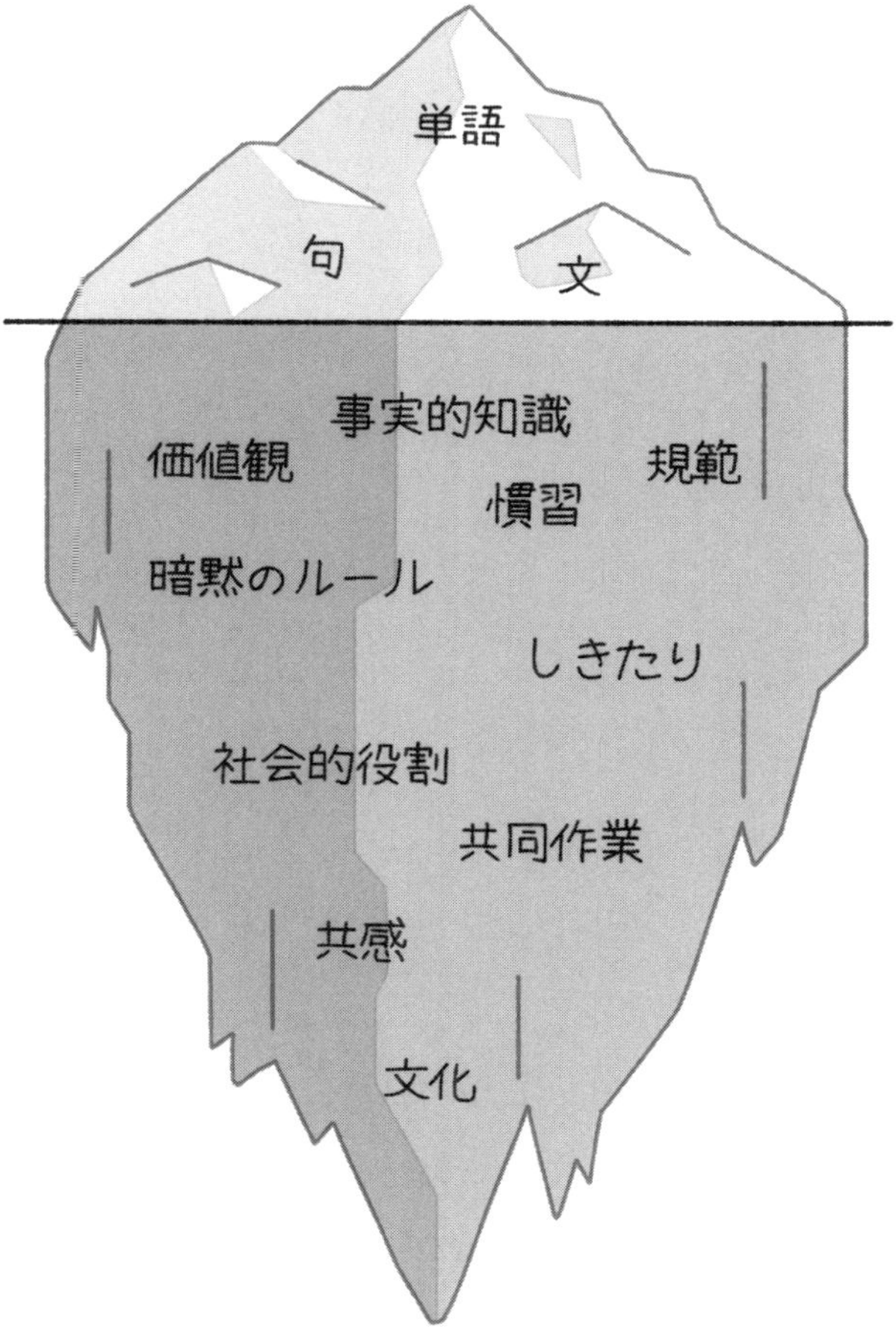

「この人が私のことなんか心配するはずがない」「食事に誘われているのかも」といった、**いくつもの「はずがない」と「かもしれない」の可能性のなかから、もっとも妥当性が高いものを、感覚的に、瞬時に選びとっている**わけです。

ところがこの能力が正常に機能しなかったり、能力そのものが下がったりしてしまうと、意思疎通がうまくいかなくなります。

誤解が生まれ、間違った提案をし、すれ違ったままやりとりを続けてしまう。結果としてトラブルに発展したり、信頼関係が壊れたりすることも十分起こりえます。

この講義ではこれまで文章を書くときのコツをいろいろ紹介してきましたが、**いくらメソッドを体得しても、察する力がうまく機能しなければ、読み手に感じよく伝わることはない。**そう断言してよいと思います。

これはメールやチャットに限らず、ビジネス文書、小説、エッセイでも同様です。書き手と読み手の一人二役、もしくはそれ以上の役割ができないと、文章はどんどん息苦しいものになっていく。

そういう意味で、この講義では「察する力」を最終テーマとして挙げていますが、重要度から考えるなら最初に取り上げるべきだったかもしれません。

既読スルーとスタンプは悪なのか？

空気を感じとる。行間を読む。飲み込まれた言葉に耳を傾ける。ふだんの生活を見渡しても、テキストコミュニケーションにおける「非言語メッセージ」はどんどん複雑化しています。

まず日常的な仕事のやりとりは、急速にテキストベースへと移行しました。かつて電話で済ませていた用件の多くは、いまやチャットやメール、データ内のコメントでやりとりされています。隣に座っている人に口頭ではなくテキストで伝えることだってあるでしょう。

テキストコミュニケーションでは表情や声のトーンといった手がかりが失われる分、より一層の察する力が求められます。

さらにいまは「既読スルー」と「スタンプ（絵文字）」という新たな形の非言語コミュニケーションが日常に根づいています。

既読スルーもスタンプも、言語化の手間を排除した一方で、言外にある相手の思考や感情を察知しなければならず、間違った対応をしたときには「コミュ障」「空気が読めない人間」という扱いを受けることもあります。

端的な例が、恋愛です。

片想いをしている人は、相手の既読スルーやスタンプに一喜一憂し、その意味を何時間も考え込むことがあります。「今日は機嫌が悪いのかな」「自分がなにか悪いことをしたのかな」と、送られてきた（あるいは送られてこない）メッセージに振り回されるわけです。

皮肉なものですよね。**コミュニケーションはたしかに便利になったものの、同時にぼくたちは新しい暗号の解読にも追われるようになった。**

最近、「コミュニケーションコスト」という言葉をよく耳にするようになりましたが、言葉以外のサインから相手の気持ちを読み取ることが強く求められる時代だからこそ、この単語が多くの共感を集めているのかもしれません。

「言語化」と「読解力」ブームが起こった理由

スタンプや意図的な既読スルーをはじめとする非言語のコミュニケーションは、書く手間を伴いませんし、かつ意味の後づけも容易なため、送信者にとってたいへん都合のよいものです。いざとなれば「察してくれないあなたが悪い」と相手の察する力不足で片づけられますから。

でも非言語に頼りすぎることには、それなりのリスクもあります。

たとえば言葉にして書く機会が減ると、ボキャブラリーや表現力がどんどん貧相になっていく。つまり、**言語化力が落ちる。**

伝えたくても言葉が出てこない。要約ができず説明が長くなってしまう。相手を思って指摘したのに、つい冷たい言葉になってしまう。アドバイスをしたくても上から目線になってしまう。気持ちを正直に伝えたいのに、薄っぺらい表現になってしまう。

このように「**自分の思いや考えが適切にアウトプットできない**」と悩んでいる人はかなり増えたのではないでしょうか。

それを裏付けるかのように、ここ数年、「言語化」をテーマにした書籍がたくさん出版されています。

脱線しすぎない程度に変遷をたどってみましょう。

言語化ブームの萌芽となったのは、2015年に出版された『語彙力こそが教養である』です。著者は齋藤孝さん。語彙力を高めるためのメソッドを中心に構成された実用性の高い内容で、20万部のベストセラーとなりました。

2017年頃からは「語彙力」がビジネス書、実用書の本格的なトレンドになったことからも、この時期から文章やプレゼン、日常会話で使う「言葉」に意識が向く人が増えた（顕在化した）と考えられます。

2020年には『言語化力』という、まさにどんぴしゃなタイトルのビジネス書が出版されました。著者はクリエイティブ・ディレクターの三浦崇宏《たかひろ》さん。人生のあらゆる場面において「言語化力」が大事であるという主張です。それまでの類書が効果効能を「コミュニケーション力向上や教養につながる」などと打ち出していたのに対し、より適用範囲を広げたのが特徴的だと思います。

このあたりで編集者たちは「言語化っていろんなシーンで使えるし、けっこう売れるテーマなんじゃない？」と感じ取ったのでしょう。
以降、2022年から2024年にかけて、約20冊の「言語化」本が出版されています（電子書籍のみの出版は除く）。

一例を挙げると、『言語化の魔力』『デザインの言語化』『「好き」を言語化する技術』『瞬時に「言語化できる人」が、うまくいく。』『リーダーの言語化』など。そして、けっこうな割合でヒット作になっています。

なかでも2023年に出版された『「うまく言葉にできない」がなくなる言語化大全』は「大全」とあるように、言語化ノウハウの集大成として出版され、10万部のベストセラーになりました。本書（ぼくがいま書いているこの本）の担当編集である亀井さんによると、「うちの編集部から出た本ですが、予想どおりヒットしました」とのことです。

この「言語化本ブーム」の背景を考えると、**非言語のやりとりが増えて言語化力が下がり、日常のコミュニケーションでも不便を感じる人が増えた。**そう解釈できそうです。

日本人の読解力は低下している⁉

非言語コミュニケーションに頼りすぎることの弊害は、「言語化力の低下」以外にもうひとつ挙げられます。

「読解力の低下」です。自分の考えを言葉にする機会が減ることは、同時に「相手の言葉を正確に把握する力」の衰えにもつながります。

読解力の低下については、「ＯＥＣＤ生徒の学習到達度調査２０１８年調査（ＰＩＳＡ２０１８）」で日本の読解力スコアが過去最低の15位まで落ちたこと（前回

2015年は8位）が話題になりました。

時を同じくして2018年、日本の子どもたちの読解力低下に警鐘を鳴らした『AI vs. 教科書が読めない子どもたち』が30万部のベストセラーになったこともあり、読解力が注目を集め、そこから2、3年は「読解力」本が一大ブームに。ビジネス書に限らず、子ども向け、大人向けの実用書や新書がたくさん出版されています。

だいぶ駆け足でしたが、こうして概観してみると、**2017年以降、「語彙力」「言語化」「読解力」というテーマがほぼ同時に出版業界でブームになってきた**といえるでしょう。

「この背景にあるのは、スタンプや既読スルーなど非言語コミュニケーションの増加だ」と決めつけるのは乱暴かもしれませんが、少なくともひとつの要因として挙げられるのではないでしょうか。

ぼく自身、クライアントの経営者と話していると、従業員の言語化力や読解力の低下を懸念する声をよく耳にします。

たとえば、要点をつかめない、語彙が少なすぎる、まとまった文章を最後まで読みきれない、質問の意図を理解できない、書かれていることの優先順位がわからない、など。「それで仕事は成立するんですか？」と聞くと、だいたい黙って首を横に振られます。

「察する力」を機能させる2つのポイント

ここまで、非言語コミュニケーションが増えたことによって、

1 察する力がより強く求められるようになった

2 言語化力、読解力が低下した

という現象および仮説を見てきました。

2に対するアプローチは同テーマの本に譲るとして、ここからは「察する力の高め方」にフォーカスして話を進めようと思います。

まずは例によって「察する」とはなんなのか、解像度を上げて考えてみることにしましょう。

「察する」という言葉を使うとき、ぼくたちは**「目的語」を連想しています。**

「（私が体調悪いことを）察してくれてありがとう」
「阿部さんって、（新人なのにうちの部署の空気を）ちゃんと察してるよね」
「さすがに（俺が不快だって）察してくれると思ったんだけどさ」

こうした目的語はかっこ書きで表したように、言葉として表に出てくることは基本的になく、心のなかに隠れているものです。

かつ、この目的語はほとんどの人にとって「口に出すのがはばかられる」ことでもあります。たとえば「上司の機嫌が悪いこと」とか「昨日の飲み会での失態をなかったことにしたい様子」など。どれも人前で言ったり、本人に伝えたりするのが難しいことですよね。

このように考えると、**察するとは、特定の集団において「言葉にしなくても伝わるべき」とされている共通認識を把握し、適切に対応できること**といえそうです。意味合いだけでいえば「空気を読む」に近いかもしれません。

ここでミソとなるのが「特定の集団において『言葉にしなくても伝わるべき』とされている共通認識」という部分です。

つまり、**「察する」を起動させるためには、ある種の「決まりごと」が必要なんです。**

たとえば、上司から「ちょっといい？」と声をかけられたら、「なにか指示や注意を受けるのかな」と察しますよね。逆に同僚から「ちょっといい？」と声をかけられたら、「相談か雑談かな」と思うはずです。

同じ「ちょっといい？」という言葉なのに、なぜこんなにも解釈が変わるのでしょうか。しかも不思議なことに、それは会社や業界が違っても、だいたい同じような解釈になります。

じつはこれ、偶然ではありません。

ぼくたちは無意識に「こういう状況ではこう考えるよね」という決まりごとに沿ったコミュニケーションをとっているのです。

アメリカの経済学者でノーベル賞受賞者のトーマス・シェリングは著書『紛争の戦略』のなかで、これを**「フォーカルポイント（Focal Point）」**と呼んでいます。

フォーカルポイントとは「『一般的にはこうするはず』と期待する、各人の期待値の焦点」のこと。といっても、ややこしいですね。

たとえば、あなたは明日、ニューヨーク市内でまったく知らない人と待ち合わせをしなければならないとします。ただし、その人と事前に連絡を取り合うことはできません。さて、何時に、どこで待ち合わせするでしょうか？

シェリングが学生にこの質問をしたところ、一番人気の答えが「正午にグランドセントラル駅」でした。ニューヨークの代表的な待ち合わせ場所のひとつであり、かつ8時17分のように中途半端な時間ではないからです。**「もっとも妥当性が高いと判断できる時間と場所」**ということですね。

では、同じように「明日（休日）、東京23区内で知らない人と待ち合わせをしてください」となったら、どうでしょう？

おそらく多い回答は「渋谷駅のハチ公前で正午」ではないでしょうか。渋谷駅は約280万人と駅の利用者数は都内2位（2024年）ですし、知名度は高い。年齢も性別も趣味もわからない人と待ち合わせるなら、出会える確率が高そうな気がします。

こんなふうに、**人と人とが行動を協調しようとするとき、「これをするんじゃないか」「こう考えるんじゃないか」と互いに予想を立てて、それが一致するポイントがある。**

これこそがフォーカルポイントです。

では、このフォーカルポイントを「察する」に当てはめてみましょう。

まず「察する」とは、言葉にされていない意図や、暗黙の了解として込められた意味を読み取る行為であり、その際、伝える側と受け取る側の間にはなんらかのフォーカルポイントが存在するといえます。

そしてこのフォーカルポイントは、文化的背景や組織の慣習、社会通念などによって形成されるわけですが、両者がそれらを認識していれば直接的な表現がなくても意図が通じる、ということになります。

たとえば、平日5日勤務の会社で金曜夜にメールを受け取ったとき、自動的に「週明け対応でいいんだな」と察する人がほとんどだと思います。緊急の用件なら「急ぎ」「至急」といった言葉が添えられるはずだ、という共通認識があるからです。

こうして考えていくと、「察する力」を機能させる、そして高めるには、次の2つが大事といえそうです。

1 フォーカルポイントを把握する

2 フォーカルポイントが通じないときの対処法をもつ

コミュニケーションには「先行投資」が必要

まず「1．フォーカルポイントを把握する」から見ていきましょう。

「フォーカルポイントを把握する」とは、要は**「特定の環境下で、大多数の人がふつうだと感じる判断基準を知る」**ということです。

勘違いしてほしくないのですが、ぼくはここでなにも「ふつうの人になりましょう」と言っているのではありません。考え方も感じ方も人それぞれなのは当たり前です。

「この場合だったら、こう考える」という一般的な傾向を知ろうとする。

これが察する力を高めることの第一歩なのではないでしょうか、と申し上げているのです。

たとえば、上司から「この企画書、急ぎチェックお願いします」とメッセージが届いたら、ふつうは「少しでも早く対応しなきゃ」と察します。なぜなら「急ぎ＝最速で」という認識がビジネスシーンでは一般的だからです。

一方で、このフォーカルポイントを把握していない人の場合、「いま忙しいから明日中でいいか。僕にとっては明日が最速だし。そもそも具体的な締め切りは言われてないし」といった判断をしてしまったりします。

こういう部下が現れると、上司は具体的な期限を設定せざるをえません。「少しでも早くお願いしたいのですが、遅くとも今日の15時までには対応してください」という具合に。

しかし、それは書く（打つ）文章が増えることを意味します。つまりコミュニケーションコストが想定以上にかかる。大量の業務に追われ、少しでもコミュニケーションにかかる時間を短くしたい上司にとっては、大きなストレスになるでしょう。結果としてその部下に依頼する頻度は低くなり、ふつうに察することができる別の部下の業務量がどんどん増えていく……というのはビジネス現場ではあるあるですよね。

問題は、傍点を付けたように「ふつう」の範疇《はんちゅう》です。価値観が多様化し、**ふつうがふつうとして機能しなくなっている。**これが現代のフォーカルポイントにおける、もっとも根源的な問題ではないでしょうか。

ここで、「2．フォーカルポイントが通じないときの対処法をもつ」も同時に考えていきましょう。フォーカルポイントがズレていて、相手の察する力に懸念を感じたとき、どうするべきか？

ヒントとなるのが**「アサーティブコミュニケーション」**です。

アサーティブ（Assertive）は**「誠実な自己主張」**という意味。アサーティブコミュニケーションは「攻撃的でもなく、受身でもなく、相手を尊重しながら率直に伝えるコミュニケーション手法」です。

たとえば、前述の「この企画書、急ぎチェックお願いします」の場合。

上司としては、「この一言で察してほしい」と思う気持ちはあると思います。

でも、まずは「このメンバーは『急ぎ』のフォーカルポイントを共有できているのか？」を確認し、共有できていないのであれば、「自分にとっての急ぎ」を言葉に変えて伝えるべきだと思います。

とくに新しいメンバーや、これまでの対応で気になる点があったメンバーの場合は、「なぜ急ぎなのか」といった背景もきちんと伝える必要があるでしょう。

付き合いの浅い時期にコミュニケーションコストがかかるのは、仕事に限った話ではありません。友人関係や恋人関係でも同じですよね。

すぐに納得のいく結果が出るとは限りませんが、「自分の伝え方と伝える量次第で解決できる部分が多い」という意味では、費用対効果の高い投資と考えてもよいのではないでしょうか。

続いて、部下の視点からも考えてみましょう。

上司から「この企画書、急ぎチェックお願いします」と言われたら「前の会社の上司はこんな頼み方はしてこなかった」なんて思うかもしれませんが、次のような返答はよろしくありません。

受身パターン：「はい……頑張ります」（自分の状況を伝えられない）
攻撃的パターン：「今、ほかの仕事が山積みなんですけど！」（相手を責める）

こんな感じだと、一向にフォーカルポイントがズレたままです。
そこでたとえば、次のように答えてみてはどうでしょうか。

まずシンプルに確認する場合

何時までに対応すればよろしいでしょうか？

より詳しく説明する場合

今、X社の資料作成を進めているのですが、どちらを優先すべきでしょうか？
もしこの企画書が優先であれば、X社の期限を少し調整させていただけないでしょうか。

大事なのは、

- NOと言うべきときはNOと言う
- でも、単なる拒否ではなく、代替案も示す

という、**相手も自分もベター**をめざす姿勢です。

どちらかの要望を10：0で通す（聞き入れる）のではなく、5：5をめざす。立場やら状況やらで難しくても、せめて7：3くらいまでお互いに歩み寄りたいところです。

そして、上司部下ともに「空気を読ませて（読んで）終わり」はいただけません。

フォーカルポイントのズレをなくしたかったら、「言葉のやりとりの総量」を増やす。これが基本戦略です。

アサーティブコミュニケーションの基本

相手も自分も大切にする伝え方のコツ

1 確認したいとき

- **状況を聞いてみる**
「今の進捗状況を教えていただけますか？」
- **背景も理解する**
「なぜ急ぎなのか、理由を確認させてください」
- **優先順位を聞く**
「どちらを優先すべきでしょうか？」

2 提案したいとき

- **具体的な案を出す**
「Aさんチームと協力して進めてはどうでしょう」
- **データを示す**
「前回の実績では、この方法で2日短縮できました」
- **別の方法も提示してみる**
「このような進め方であれば可能です」

3 要求を通したいとき

- **前向きな言葉を選ぶ**
「工夫の余地がありそうです」
- **ていねいな言い方を心がける**
「ご検討いただければ幸いです」
- **建設的な表現を使う**
「こちらの方法なら対応可能です」

4 配慮したいとき

- **相手の立場で考える**
「お手数をおかけしますが」
- **反論も想定してみる**
「ご懸念の点については、このように考えています」
- **選択肢を用意する**
「別の方法もご提案させていただけますか」

避けたいこと：黙って従う、攻撃的になる、空気を読ませる、一方的に押しつける

ポイント **まずはやりとりの総量を増やすこと。それがお互いに「察する力」を高める近道**

職場では「おせっかいさん」が求められている

とはいえ現実には、生理的に合う・合わないの問題もあるでしょうし、まったく歩み寄ってくれない相手もいるでしょう。こちらの話に耳を傾けてくれそうにない。もしくは改善を試みてもそっぽを向いてしまう。

そんな人がいた場合はどうしたらいいのでしょうか？

こういうとき、シンプルな解決策を出してしまうのがビジネス書編集者のいいところでもあり悪いところでもあります。世の中は複雑でなかなか快刀乱麻とはいかないのですが、それでもシンプル化して間口を広げることで話題をより身近なものにし、もっと多くの人に興味をもってもらえる機会につなげられるのは事実です。

という長めのエクスキューズをしたうえで、ぼくが考える解決策を述べます。

「こう考えるのが、ここではふつうなんですよ」と伝え続けるしかない。

自らのふつうにしか目を向けない、歩み寄る姿勢のない人には指摘し続けるしかない。そう思っています。

わかります。なんで自分がそんなリスクをとって指摘しなくてはならないのか。パワハラになりかねないぞ、と。

たしかに見限るのは簡単です。でもそこで諦めてしまったら、相手の成長も期待できないし、お互いの関係の発展も閉ざしてしまうことになります。そういう組織や社会って、なんかさみしくないですか。

以前、友人からこんな話を聞きました。
その友人は１００人規模の企業に勤めているのですが、別の部署に新卒３年目の女性社員（Ａさん）がいます。Ａさんは仕事はそれなりにできるし、性格は明るくてフレンドリー。周囲の評判は総じていい。

ただし、男性社員限定です。
女性社員からはめっぽう評判が悪い。

きっかけはＡさんが入社１年目のとき、顧客に対するメールでの間違った言葉遣いを、リーダー（女性）から指摘されたことでした。Ａさんはその場では「わかりました」と受け入れたそうです。しかし、あとからリーダーは部長（男性）から呼び出され、こう問いただされたそうです。

Aさんが
あなたから
厳しいことを
言われて
傷ついてるみたい。
なんかあったの？

これにリーダーは怒り心頭。リーダーとして伝えるべきことを伝えただけなのに、なぜか悪者扱い。しかもAさんは部長をはじめ、男性社員に「○○さん（リーダー）ってすごく怖いんですよ」と言い回っていたそう。結局、チーム異動はなかったものの、リーダーはAさんと距離を置くようになりました。

それからというもの、誰もAさんには指摘をしなくなりました。どうやら3年目の現在でも、言葉遣いや一般的なビジネスマナーに違和感があるようなのですが、それでも周りはスルー。

ぼくの友人はAさんたちとは違う部署なのですが、遠目から見ていてこう思うそうです。

「もう3年目で後輩もいる立場だし、誰も指摘してあげないだろうね。みじめだよ、ほんと。転職したら痛い目みると思うね」

この話を聞いて、なんだかなと思ってしまいました。

Aさんに否があるのはよくわかります。リーダーが怒りたくなるのも当然です。だけど、本人と組織のために誰か指摘してあげてもいいのではないでしょうか。チーム内のコミュニケーションに難があれば、対顧客でも実害が出るのは時間の問題のような気がします。

いずれにせよ大事なのは、さきほど話したように、まずは言葉にして伝える回数を増やすこと。そのときに正論を言う場合は、第3部で紹介したようなキョロキョロ感を出す表現や、締めくくりを意識して伝え方を工夫することではないでしょうか。

もちろん実践してすぐ解決とはならないと思います。でもいざコミュニケーションをとってみたら、相手の言い分も聞けるかもしれません。そこで納得できるかどうかは別問題ですが、少なくとも理解はできるはずです。

組織にとってネガティブな例外を増やさないためにも、実害を出さないためにも、その相手のこれからのためにも、おせっかいを演じてみる。それが必要なんじゃないでしょうか。

ふつうが機能しないシーンが増えているからこそ、「これが私たちのふつうだ」と言える人の存在がとても大切になっている。そう思います。

思わず読みたくなる「タイトル」の思考法

少し話題が逸れますが、フォーカルポイントからの派生でひとつ考えてみたいことがあります。**タイトル**についてです。

みなさん、すでに感じていらっしゃると思いますが、ビジネス系のコンテンツ(書籍、記事、動画)では、しばしば似たような表現が使われます。

ビジネス書なら、「○○の教科書」「○○力」「○○が9割」「最高の○○」「超一流の○○」「○○の戦略」「○○大全」など。書店に足を運んで「なんで同じようなタイトルばっかりなんだろう」と思ったことがあるかもしれません。

こうしたタイトルの定型化には、じつは2つの重要な意味があります。

1つは**「判断の省力化」**です。

読者であるビジネスパーソンは日々時間に追われています。書店で本を選ぶとき、あるいはネットで新刊をチェックするとき、「どんな本なのか」を即座に判断したい。そんなニーズに応えるため、似た表現を使うことで本の性質を一目でわかるようにしている。つまり**読者の「察する手間」を極力減らしている**わけです。

もう1つは「判断の省力化」と似ているのですが、**「暗黙の品質保証」**です。

定番の表現を使うということは、「これまで売れてきた本と同じようなつくりをしている」ことを示唆します。読者にとっては一種の安心感につながりますし、出版社にとっては「この本はこういう本です」という意思表示にもなる。**読者と出版社の間の「共通理解」として機能している**ともいえるでしょう。

つまりタイトルの定型化は、単に「無難だから」という消極的な理由ではなく、むしろ読者との間のフォーカルポイントとして、「このビジネス書でなにが学べるか」「どんなスキルが身につくか」など本の特徴を即座に理解できる手がかりになっているわけです。

ただし、定型すぎると売れません。

売れるタイトルをめぐる、こんなエピソードがあります。

ニューヨークの大手出版社の元CEOが「絶対にヒットする本のタイトルはなにか？」と問われ、「リンカーンの医者の犬」と答えたそうです。

理由はシンプル。アメリカ人がもっとも敬愛する大統領、健康への強い関心、そして国民的ペットである犬。この3つの要素を組み合わせれば、間違いなくベストセラーになると考えたのです。

ところが、実際にこのタイトルで2冊出版されたものの、両方とも売れなかったそうです。

このエピソードは、**関心を引くキーワードを並べるだけでは、必ずしも読者の心をつかめない**ことを示唆しています。

とくに近年は、かつてはそれなりに数字が出せていたベストセラーの二番煎じ、三番煎じのタイトル（テーマ）が売れづらくなっています。読者としてはお金を払って読むものなので「失敗したくない」と思うものの、没個性的なコンテンツに価値を感じないということなのかもしれません。

とはいえ「定型」はやっぱり便利

タイトルは、プレゼン資料、レポート、企画書、講演、セミナー、勉強会、ブログ記事など、いろんなシーンで必要です。

でも考えるのが面倒というか、苦手な人も多いと思います。

そんな人は、まずは**定型に当てはめる**のがおすすめです。タイトルにおけるフォーカルポイントを知るということですね。

奇をてらう必要はありません。「なんか見たことがある」くらいのほうが読み手は瞬時に内容をイメージでき、安心感をもって中身に目を向けられます。

定型表現に関しては、次ページにまとめたので参考にしてみてください。

タイトルでよく使われる表現

1 実用的な価値を示す
「○○術」「ポイント」「テクニック」「コツ」「方法」「対処法」「対策」

2 時間や労力の節約を示す
「簡単」「今すぐ」「誰でも」「知識ゼロでも」「大全」「基礎知識」「入門」

3 権威や実績を強調する
「東大式」「医師が教える」「プロが使う」「○○の第一人者が語る」

4 数字を使う
「○つの」「○選」「○つのステップ」「○割」「○倍」「○%」「○回」「○大原則」

5 疑問や課題解決を示す
「なぜ〜?」「〜とは?」「○○しないためには」「○○するには?」

6 話題性や時事性を示す
「最新」「トレンド」「いま話題の」「○○時代の」「これからの」「シン」

7 必要性や重要度を示す
「必須」「必読」「絶対」「押さえておきたい」「知っておくべき」「知られざる」

8 読者の属性や特性を示す
「リーダー」「40代からの」「時間がない人でも」「SNS初心者向け」

9 比較や対比で示す
「A vs. E」「AとB、どっち?」「〜との違い」「〜の成功例と失敗例」

10 目的や結果を示す
「〜を実現する」「〜が身につく」「〜がうまくいく」「〜になれる」

11 感情や印象を示す
「面白い」「困ったときの」「やる気が出る」「心が軽くなる」「後悔しない」

「タイトルはセンス」と言う人はたくさんいて、それはそれで間違ってはいないと思います。

でも、一般的なビジネスシーンやウェブ記事では「凡庸じゃないか？（センスがいいか？）」よりも**「わかりやすいか？」を意識すべき**です。

たとえば、ぼくは以前コンサルタントが作成した資料や調査レポートのタイトルを大量に確認してフィードバックしていた時期があるのですが、こんな感じのタイトルをよく見かけました。

地政学リスク対応型サプライチェーンのレジリエンス構築における戦略的調達モデルのフレームワーク

悪気はないのだと思います。難解な表現を重ねることで、知的な印象を与えつつ、内容への具体的な指摘を避けられる——そんな無意識の防衛本能が働いたのかもしれません。

でも、長い。長すぎます。それにカタカナ言葉が多いし、係り受けが複雑です。「読んでもらいたい」「わかってもらいたい」と思うなら、このタイトルは避けるべきでしょう。

じゃあどう変えるべきか。意識すべきは大きく4点です。

1 誰に伝えたいのか?
2 なにを伝えたいのか?
3 なにが独自性なのか?
4 1〜3を「定型」と組み合わせられないか?

たとえば、「経営層向け」に「地政学リスクの観点でサプライチェーン戦略の見直しが必要」であることを伝えたくて、「グローバル調査結果をふまえた解説」であることが独自性なら、次のようなタイトルはどうでしょうか。

案1：グローバル最新調査から見る「地政学リスクとサプライチェーン戦略」
案2：地政学リスク時代のサプライチェーン戦略【グローバル100社調査】
案3：世界が考える「地政学リスクとサプライチェーン戦略」のポイント

案1と案2では、メインテーマである「地政学リスク」や「サプライチェーン戦略」云々を最初か最後に入れて、目立つようにしています。

また案1は「最新」、案2は「時代」、案3は「ポイント」という331ページの定型表現を使っています。

いずれもウェブ記事や新聞広告、帯のコピーなどいろんな場面でよく使われる表現ですよね。

こういう定型表現と3点（いずれかでもOK）を組み合わせると、誰でもすぐにそれっぽいタイトルにできます。

定型を進化させるなら「自分ごと・あなたごと・社会ごと」

ぼくが編集者として手がけてきた本には、少し変わったタイトルがいくつかあります。『バナナの魅力を１００文字で伝えてください』『パン屋ではおにぎりを売れ』などです。

このうち、バナナの本は「伝え方」、おにぎりの本は「思考」をそれぞれテーマにしているのですが、この2冊に共通して書かれているノウハウとして**「自分ごと・あなたごと・社会ごと」**があります。

「自分ごと」は自分の関心があること。

「あなたごと」は家族、友人、会社の同僚など、自分と関係が深い人や自分に近しい人に関係があること。

「社会ごと」は社会的関心や流行などです。

この考え方は商品・サービスをつくるときはもちろん、タイトルづけでも有効です。

たとえば、次のような案が考えられます。

自分ごと

朝5分で作れる！ 疲れ知らずの健康レシピ

》》読者「個人」の時間や体調という身近な課題に焦点を当て、自分自身のメリットとしてとらえてもらう表現です。

あなたごと

家族が笑顔になる時短健康ごはん

読者の「家族」という身近な存在に焦点を当て、大切な人の喜ぶ姿をイメージしてもらう案です。

社会ごと

食べて守る！ 地産地消の簡単レシピ１００

環境問題や持続可能性という「社会」的課題と結びつけた表現です。

「自分ごと・あなたごと・社会ごと」と同じようなことは、経営者に取材しているときも、事業構想におけるコアとなる考え方として挙げる方が何人もいらっしゃいました。

この3つの視点は、タイトルから事業開発まで幅広い領域で応用可能といえるのかもしれませんね。

たった1文字でも印象はガラッと変わる

せっかくタイトルの話をしたので、もうひとつだけおまけ話を。

クイズ

AとB、どっちが読まれるタイトルでしょうか？

A 肌の悩みを解決する「スキンケア習慣」のつくり方
B 肌の悩みが解決する「スキンケア習慣」のつくり方

間違い探しみたいになってしまいましたが、どこが違うかわかりましたか？

違いは助詞です。Aは「肌の悩みを解決する」、Bは「肌の悩みが解決する」になっています。

さて、違いがわかったところで改めてお聞きしましょう。

どちらがタイトルとして望ましいでしょうか？


答えは「B」です。


Aの「を」は「読者自身が解決する」というニュアンスが出ていて、手間のかかる印象があります。

一方で、Bの「が」は「結果として解決する」というニュアンスが出ています。なにもしなくても解決できそう。ラクそうな印象です。

つまり、Bのほうが「負担が少なく感じられ、自然な解決を期待できる」ように思えます。人間、ラクをしたい生き物なので、より読まれる可能性が高いのはBです。

こんなふうに**助詞を「を」から「が」にするだけでも印象は大きく変わります。**

おもしろいですよね。

タイトルだけでなく依頼や断り、謝罪など「ささいな表現が相手の印象を左右すること」はビジネスでもプライベートでもしょっちゅうあります。

たとえば、料理をつくろうとしているパートナーから「今日のお昼、うどんでいい?」と尋ねられて「うどんでいいよ」と答えたら、「『で』じゃなくて『が』でしょ!」とむっとされますよね。それと同じです。

とくに細部を流しがちな人は意識してみてください。

わかりあえないと思ったほうが「通じる」

だいぶ脱線してしまいました。最後にあと少しだけ「2．フォーカルポイントが通じないときの対処法をもつ」について考えていきましょう。

あなたのもとに、マネージャーから以下のようなメールが届きました。

N社の進捗を確認したいのですが。よろしくお願いします。

どうでしょう。不足している情報（いつまでに、どの部分の、どの程度の確認が必要か）

を指摘したくなりますよね。あまりに解像度が低い確認で、うんざりするかもしれません。とはいえ、マネージャー相手に「メールの書き方がなってない」とは言いづらいですよね。

ではこんなとき、どう切り返せばよいか?

じつはこの回答例を出すため、ぼくは何人かにあえて前述のようなわかりづらいチャットを送って、どんな回答がくるかを実験しました。

送り先はいずれも編集者やライターの方々です。職業柄、文章から察する力は十分にあると思うのですが、ただやはり性格が出るというか、いろいろな切り返しが出てきて興味深かったです(関係者のみなさま、試すようなことをしてすみません!)。

回答は大きく3パターンに分かれました。例文はいずれもぼくが作成したものですが、方向性としてはこんな感じでした。

1つめは**「引き出しながら整理する」**です。

承知しました。
3点確認させていただけますでしょうか。

1．企画書の修正状況でしょうか。
2．先方から紹介いただく予定のP社の件でしょうか。
3．次回の打ち合わせに向けた準備でしょうか。

これは一見、単なる確認に見えますが、「必要な情報の引き出し方を例示する」と「整理の仕方のお手本を示す」という2つの意図が含まれているように感じました。

ただぼくがこの返信をもらったときは、若干詰められている気もしました。圧迫感があるといえばいいんでしょうか。悪いのはこっちなんですけどね。みなさんはどうでしょう？

2つめは**「次回のために布石を打つ」**です。

承知しました。まず現状の進捗をお伝えします。〜〜
また、今後スムーズに情報共有できるよう、私からの報告の際は以下の3点を意識して書かせていただきますね。
・対応状況（済／未済）
・次のアクション
・課題や懸念事項（あれば）

自分が率先してお手本を示すことで、相手に「気づき」のチャンスを提供する方向です。これはこれでいい気もするのですが、現場で継続しようと思うと面倒なのと、ややおせっかいな印象も受けます。「そこまでしてくれなくても」と恐縮しました。ぼくはわがままな人間ですね。

3つめは**「自分の理解を示しながら確認する」**です。

私の認識では、企画書の修正と次回打ち合わせ日程については、どちらも先方からの連絡待ちの状況です。
もし他に気になる点がありましたら、教えていただけますでしょうか。

自分の立ち位置を明確にして、歩み寄ろうという姿勢が見える書き方です。個人的にはこれが一番好印象でした。ぼくも同じようなシーンになったら、この方向でいこうと思います。

さて、なぜこんな回答例をもち出したのか？

ここで伝えたかったのは「3つめのように返答しましょう」ではありません。**絶対的な対処法は存在しない。**これをお伝えしたかったのです。

この3例のぼくの反応を見てもらえばわかるように、読み手は勝手に甲乙をつけたり、深読みしたり、あるいはなにも感じなかったりするものです。

書き手としては「なんでこっちが逆質問しなきゃいけないんだよ」と思いつつ、ていねいな文章を作成して送ったのに、残念ながらそんな気持ちは相手に伝わっていない。伝わっていたとしても、次から改善されるかどうかは未知数です。受け取り方を強制するのは、とくにいまの時代は難しいですよね。

だから、フォーカルポイントから大きく外れる相手がいた場合は、

- 「ふつう」を繰り返し言葉にして共有する
- ただし、「ふつう」を共有するのが難しければ、自分なりの対処法をとる。そしてその反応をもって「こういう返しがくるのか」と覚えて、次の行動につなげる

という原始的な方法に立ち返るのが、結局のところ一番建設的かつ現実的な気がするのです。

これは異国で道を尋ねるときと似ています。最初は共通の言葉を頭のなかで探して使ってみる。それがダメならジェスチャーしたり地図を描いたりしてみる。そして「あっ、この国ではこういう伝え方が通じるんだ」と覚えておいて、次回に生かす。たとえうまくいかなくても、このサイクルを淡々と積み重ねる。

そうやって繰り返していくと、徐々にですが、**第一印象で「この人はここまで通じそうだな」というのが感覚的にわかる**ようになっていきます。察する力が高まり、直感と現実のギャップが小さくなる。

たとえばぼくはその人の文章を見るだけで、日本語運用力だけでなく、社会常識的なふるまいができるか、パーソナルスペースの近さ（表面上の人懐っこさ）、細部に対する意識、自我の表出度合いなどけっこう多くのことがわかります。だから新しいメンバーを採用するときは応募書類の文章を読むだけで候補者をかなり絞ることができています。実際、採用したメンバーは予想どおりの適性や能力をもっていることがほとんどです。

もちろん100％の精度ではありません。結局のところ「わからない」が大前提にあります。

そして、たとえ採用して距離が近くなり、その人に関する情報量が増えたとしても、やはり完全にわかりあえるということはないのです。フォーカルポイントの幅は広がりますが、ズレが生じないわけではありません。

こう考えると、察する力を高めて人を見抜く経験を積むことは、ビジネスでもプライベートでも有用な一方で、同時に**「わかりあえないものだ」という姿勢ももち合わせるべき**といえるのではないでしょうか。

明らめつつも諦める

以前、テロ・紛争解決プロフェッショナルの永井陽右《ようすけ》さんの著書『共感という病』の編集を手がけました。「共感中毒」の現代において、どのように同調圧力と向き合い、人や社会と接していくべきかを説いた一冊です。

永井さんはソマリアをはじめとした紛争地でテロリストの社会復帰を支援しており、ぼくは打ち合わせでお会いするたび、高い視座と、身を危険にさらしながら活動を続ける勇気に、感動と尊敬とうらやましさを覚えていました。

『共感という病』に、こんなことが書かれています。

私たちはわかりあえると信じているし、わかりあいたいと常々思っています。しかし、実際は結構わかりあえないのです。それは良い悪いではなくて、今のところ人間とはそういうものだからなのです。そして、「わかりあえるのに!」と思うからこそ、むしろ思えば思うほど、対立したり、分断してしまう。なので、提案としては、一度私たちは他者なんてものとわかりあうことはできない、としたうえで、そんな中で一体全体どうすれば他者とうまいこと共存していけるのか、と考えていくことです。こうしたほうが余計な問題が生まれにくく、真に地に足がついた話し合いや思考ができるはずです。

まさにここに書かれていることは、紛争解決や人道支援の文脈だけでなく、日常のコミュニケーションでも同様に求められる姿勢ではないでしょうか。つまり**「適度にあきらめる姿勢」**が必要であるということです。

「あきらめる」には、断念する・投げ出すという「諦める」と、明らかにする・状況を理解するという「明らめる」の2つの意味があります。

これをコミュニケーションに当てはめるなら、ベースは後者の「明らめる」で接するべきだと思います。できる限り相手のことや状況を察して理解しようと努める。もし相手が歩み寄ってくれなかったとしても繰り返し伝えていく。

でもそればかりだと疲れてしまいますし、第3部でお伝えしたようにキョロキョロ感が強く出てしまい、コミュニケーションにおいてはむしろ不利に働く恐れもあります。ですから**「明らめる」と併せて「諦める」もバランスよく持ち合わせておく。**

ただ「諦める」といっても、ゼロか100かの世界ではありません。**判断をいったん保留して「まあいいか」と受け流す。**それが大人の対応なのではないでしょうか。

とくに察する力が働きすぎて気疲れしやすい人は、意識的に諦める（前提知識に基づいた認識をいったん停止する）のがよいのかもしれません。

察する力＝明らめる＋諦める

こう考えたほうがシンプルかもしれませんね。

「居着かないこと」が文章の印象をよくする

現代では「判断スピードが速い」「すぐに決断する」ことはいいこととされていて、とくに仕事では即断即決・即行動を心がけている人もたくさんいらっしゃると思います。本講義でもいくつかのメソッドでは「できるだけすぐに対応しましょう」という口調でお話ししてきました。

けれども、**「スピード感のある決断や行動」と「頭のなかでの保留」って両立できると思いますし、もっとしてもいいと思うんです。**

たとえば相手から事務的でかしこまったメールが届いたので、こちらもいったん記号も絵文字も使わず返信したとします。極めて事務的に。でもだからといって「この人に対してはこれからもこの調子で書けばいい」と決めつけて、その後のコミュニケーションのとり方を固定するのは早計かもしれません。

結局、**察するとは「居着かない」ということです。**

自分の判断に固執しない。「過去に起きたこと」と「生（ライブ）で起こっていること」をバランスよく見つめる。だるまのように、縦に横に斜めに傾くけれど倒れない。

難しいことですし、ぼくも十分にできているとは思っていません。でも、コミュニケーションをとったり文章で表現したりするうえでは欠かせないことではないでしょうか。

最後にひっくり返すようなことを言ってしまいますが、ここまでお伝えしてきたいくつものメソッドや考え方は、あくまで仮説や視点に過ぎません。もちろんぼくがふだん心がけていたり、調査の結果をふまえて考えてみたりしたことではあるのですが、絶対解ではありません。当たり前ですね。ビジネス書に書かれているのは「ヒント」であり、「正解」ではないのですから。

とくに文章の世界に「正解」なんてあってないようなものです。少なくともぼくはそう考えています。

時代や流行とともに自然と変わっていくものだし、とくにこれからの時代はＡＩの発展と普及によって、「情報としての文章」と「パーソナルとしての文章」の切り分けみたいなものを人々が無意識に行うようになっていくかもしれない。

それがはたしていいことなのか、悪いことなのかはわかりません。

でも、ぼく自身は人間同士の生のコミュニケーションが、その不安定さやうまくいかなさも含めて好きだし、同じようにそれを求めている人たちが一定数いると日常的に強く感じています。

だからそういう人たちが、ときに「非効率」とか「人間くさい」とか冷ややかに見られながらも、「居着かないこと」を大切にし、文章での表現方法やテキストコミュニケーションについて模索し、悩み苦しみつつ、喜びやおかしみを見いだしていく時代なのかなと思ったりします。

文章を書く・読むことは、これからより「非効率で不便で不安定な自分や他者と向き合うこと」とイコールになっていくのかもしれませんね。

「そんなことしたい人なんていているの?」って思いますか?

でも人間って、案外そんなものなのかもしれませんよ。

おわりに

お読みいただき、ありがとうございました！
いかがだったでしょうか。みなさんが文章を書くときのヒントになるものがひとつでもあったならよいのですが。

最後なので告白しますと、ここまでさんざん偉そうに「感じのいい人」などと書いてきましたが、ぼく自身はとても感じのいい人とはいえないと思っています。これまでの人生で「感じがいい（に準じた言葉も含む）」と言われたことはありません。感じが悪いと言われたことならあるかもしれない。大半が「怖い」「飄々《ひょうひょう》としている」「図太い」みたいな形容詞でした。とくに10、20代のぼくを知っている人なら「あいつが感じいいだって？」と眉間に皺《しわ》を寄せるか、苦笑していることでしょう。

でもこと文章に限っていうなら、ポジティブな評価をもらうことのほうが多数派です。「ていねい」「わかりやすい」「親切」みたいにほめられたり感謝されたりする機会は、いまもよくあります。

うれしいことです。というか、安心します。たとえ限定された状況下であっても、印象よく振るまうことは社会で生きていくうえである程度必要ですから。

見た目や雰囲気はなかなか変えられませんが、文章なら意識するだけでそれなりに変えられます。それに対面と違って、瞬発的な気づかいができなくても、うまく笑顔をつくれなくても、喋るのが億劫なときでも、言葉を選ぶ時間的余裕がありけます。自分の考えと向き合うことができます。書くことを通じて、自分も相手も事象も一歩引いてとらえることができます。

そう考えてみると、ぼくは社会人として、編集者としての信頼の大部分を文章でカバーしてきたといえるのかもしれません。

といっても、やはりぼく自身が感じのいい人間であるわけではなく、あくまで「感じのいい人たちの書き方をトレースしてきた」というのが適切でしょう。

「はじめに」で「ギャルから会計士まで」と表現しましたが、尊敬される人、優秀とされる人、好かれる人というのは、属性やバックグラウンドが大きく異なっていても、共通する部分があると思っています。編集者として、そして感じがよくない社会人として、その人たちがどんな書き方をしているのか、どんな言葉を選んでいるのかを自分なりに研究し実践してきました。その集大成とも呼べるのが本書です。

ただ、書くのは本当に苦戦しました。

曲がりなりにもプロの編集者としてやってきていたとしても、いざ自分の本となると、書いている内容がおもしろいのか、はたまた冗長で不要なのか、さっぱり（本当にさっぱり）わからなくなるのです。誰かの文章を編集するときは「これおもしろいですね！」とか「ここは長いのでカットしましょう」などとすぐに判断できるのですが、そうした編集者視点がほとんど機能しませんでした。まさにこの文章も迷いながら書いています。

そういう意味で、編集者はすごく大事な役割を担っているのだなと改めて感じたのと同時に、やはり文章って読んでくれる人がいて初めて生命を帯びる側面があるのだなと実感しました。

というのは、担当編集からフィードバックをもらったあとの原稿に手を入れようとしたら、不思議と、原稿の顔つきが堂々としたものに変わっていたからです。

いったい短い期間でなにがあったんだろう？　長くいる業界であっても、まだまだ知らないことはあるものだなと思いました。

さて、本書の第3部で締めくくりの重要性を紹介しました。覚えていますか？　ぼくはずっと不安に思っていました。ああ、この本の締めくくりをどうしたものかと。

つまりここですべったら、著者自身が締めくくりの技術を正しく使えていないことになるわけです。説得力に欠けるから、この本が本棚の奥深くに追いやられてしまうかもしれません(そうならないように祈ります)。

お待たせしました。

メモ帳には何十もの案が並び、デスクの上にはコーヒーカップの山ができ、髪の毛は逆立ち、目は充血……。

そうしてたどり着いた結論がこちら。

本書は、締めくくりません。

ここで「めでたしめでたし」と終わらせた瞬間に、この本は過去のものになってしまう。そんなのはつまらないし、さみしい。それに型に無理やり当てはめて「ほら、本書で紹介したメソッドを使いましたよ」というのもなんだか違う気がする。

だからこうしましょう。このページをめくったあと、あなたがどんな文章を書こうか考える。そしてできるなら、実際に書いてみる。宛先は会社の人でも、パートナーでも、家族でも、友人でも、自分でも、誰でも構いません。その一文目が、本書の締めくくりです。

……うーん、でもやっぱり、これだけは言わせてください。

またどこかでお会いしましょう！

参考・引用文献

中谷内一也、『信頼学の教室』、講談社
杉野幹人、『超・箇条書き』、ダイヤモンド社
柿内尚文、『バナナの魅力を100文字で伝えてください』、かんき出版
内田樹、『他者と死者』、文藝春秋
村上春樹、『若い読者のための短編小説案内』、文藝春秋
毎日新聞校閲グループ、『校閲記者の目』、毎日新聞出版
高橋輝次、『増補版　誤植読本』、筑摩書房
菅原洋平、『努力に頼らず「要領がいい人」になる40のコツ』、アスコム
内田樹、『日本辺境論』、新潮社
小田嶋隆、『小田嶋隆のコラム道』、ミシマ社
高橋浩一、『質問しだいで仕事がうまくいくって本当ですか？』、KADOKAWA
ロバート・B・チャルディーニ、『影響力の武器（第三版）』、社会行動研究会訳、誠信書房
渡部昇一、『知的生活の方法』、講談社
モーテン・H・クリスチャンセン、ニック・チェイター、『言語はこうして生まれる』、塩原通緒訳、新潮社
トーマス・シェリング、『紛争の戦略』、河野勝訳、勁草書房
戸田久実、『アサーティブ・コミュニケーション』、日本経済新聞出版
ジョディ・アーチャー、マシュー・ジョッカーズ、『ベストセラーコード』、西内啓解説、川添節子訳、日経BP
柿内尚文、『パン屋ではおにぎりを売れ』、かんき出版
永井陽右、『共感という病』、かんき出版

本書の制作にあたり、以上の文献を参考または引用させていただきました。この場をお借りしてお礼を申し上げます。

本書で紹介した1,000人調査について

実施期間：2024年12月〜2025年1月
実施機関：クラウドワークスにて実施
対象：クラウドワークスに登録しているユーザー1,000人を対象（年齢、性別の構成比は43ページを参照）
有効回答数：1,000件
調査方法：WEBアンケート
分析手法：単純集計のみ

※本調査はクラウドワークスのユーザー（インターネット利用者）に対して募集をかけており、インターネットを利用しない層や本サービスを利用しない層は含まれていない。

※上記アンケート調査に加え、20代から50代の社会人16名に対してインタビューを実施した。

[著者]
庄子 錬（しょうじ・れん）
1988年東京都生まれ。編集者。経営者専門の出版プロデューサー。株式会社エニーソウル代表取締役。手がけた本は200冊以上、『バナナの魅力を100文字で伝えてください』（22万部）など10万部以上のベストセラーを多数担当。編集プロダクションでのギャル誌編集からキャリアをスタート。その後、出版社2社で書籍編集に従事したのち、PwC Japan合同会社に転じてコンテンツマーケティングを担当。2024年に独立。NewsPicksとnoteで文章術をテーマに発信し、NewsPicksでは「2024年、読者から最も支持を集めたトピックス記事」第1位、noteでは「今年、編集部で話題になった記事10選」に選ばれた。企業向けのライティング・編集研修も手がける。趣味はジャズ・ブルーズギター、海外旅行（40カ国）、バスケットボール観戦。

なぜ、あの人の文章は感じがいいのか？
——編集者が10年かけて見つけた「文章で損しない技術」

2025年4月22日　第1刷発行
2025年7月25日　第2刷発行

著　者——庄子 錬
発行所——ダイヤモンド社
〒150-8409　東京都渋谷区神宮前6-12-17
https://www.diamond.co.jp/
電話／03･5778･7233（編集）　03･5778･7240（販売）

装丁･本文デザイン——三森健太（JUNGLE）
イラスト——ユア
DTP･図版作成——スタンドオフ
校正————鷗来堂
製作進行——ダイヤモンド・グラフィック社
印刷————三松堂
製本————ブックアート
編集担当——亀井史夫（kamei@diamond.co.jp）

ISBN 978-4-478-12191-7